創価学会
永遠の五指針

池田大作

5 eternal guidelines of the Soka Gakkai

創価学会永遠の五指針

一、一家和楽《わらく》の信心
一、幸福をつかむ信心
一、難《なん》を乗り越える信心
一、健康長寿《ちょうじゅ》の信心
一、絶対勝利の信心

目次

装幀　松田和也
八幡清信、小林正人

一、本書は、「大白蓮華」に連載された「世界を照らす太陽の仏法」（二〇一六年一月号〜五月号）を、著者の了解を得て「創価学会永遠の五指針」として収録した。

一、御書の御文は、『新編　日蓮大聖人御書全集』（創価学会版、第二七八刷）を（御書〇〇ページ）で示した。

一、法華経の経文は、『妙法蓮華経並開結』（創価学会版、第二刷）を（法華経〇〇ページ）で示した。

一、引用文のなかで、旧字体を新字体に、旧仮名遣いを現代仮名遣いに改めたものもある。また、句読点を補ったものもある。

一、肩書、名称、時節等については、掲載時のままにした。

一、説明が必要と思われる語句には、〈注〇〉を付け、編末に「注解」を設けた。

――編集部

一家和楽《わらく》の信心

わが家を幸福安穏《あんのん》の城《しろ》に

一九六一年（昭和三十六年）の元旦《がんたん》。それは、私が第三代会長に就任《しゅうにん》し、恩《おん》師《し》・戸田城聖《じょうせい》先生の夢であった世界広宣流布の道を、初の北南米訪問によって現実に切り開き、そして迎えた新春でした。

その新時代の出発にあたり、私が同志に申し上げたのは、戸田先生の遺言《ゆいごん》ともいうべき「永遠《えいえん》の三指針《ししん》」です。翌年の元旦《がんたん》の勤行会《ごんぎょうかい》の際《さい》も、また、その次の年も、毎年のように年頭《ねんとう》を迎《むか》えるたびに確認してきました。私たちの信心の目的が、恩師《おんし》が示された指針の中に凝縮《ぎょうしゅく》されているからです。

この恩師《おんし》の三指針《ししん》に、後《のち》に二指針を加《くわ》えた師弟共同《していきょうどう》の指標《しひょう》が、「創価学会永《えい》遠《えん》の五指針」です。

すなわち――

一、一家和楽《わらく》の信心

一、幸福をつかむ信心

一、難《なん》を乗り越える信心

一、健康長寿《ちょうじゅ》の信心

一、絶対勝利の信心

の五指針《ししん》です。

信仰《しんこう》の根本《こんぽん》目的が示される

指針《ししん》の淵源《えんげん》は、一九五七年（昭和三十二年）十二月に遡《さかのぼ》ります。戸田先生は、七十五万世帯達成《せたいたっせい》という生涯《しょうがい》の願業《がんぎょう》をついに果《は》たされました。その先生が、衰《すい》弱《じゃく》した体をおして、熟慮《じゅくりょ》されていたことがあります。

全同志を、一人ももれなく幸福に導《みちび》くために、一人一人が目指《めざ》すべき信心の在《あ》り方《かた》を、また、そもそも、何のための信心なのかを、明確に示し留《とど》めておこうとされたのです。

そして、同月末の本部幹部会の席上《せきじょう》、七十五万世帯《せたい》の達成《たっせい》と共に、「学会の三指針《ししん》」として発表されました。以来、一人一人が、この永遠《えいえん》の指針を深く胸に刻《きざ》み、幾多《いくた》の苦難《くなん》や困難《こんなん》を乗り越えて前進してきたのです。

時《とき》を経《へ》て二〇〇三年（平成十五年）十二月、私は、二十一世紀の広宣流布を展望《てんぼう》し、新たに二項目《こうもく》の指針《ししん》を加《くわ》えることを提案《ていあん》しました。

今、世界広布新時代が絢爛《けんらん》と花開《はなひら》き、学会は、いよいよ世界宗教として更《さら》に大きく飛翔《ひしょう》する重大な佳節《かせつ》を迎《むか》えました。世界広布拡大への誓願《せいがん》を新たにする時であります。

そこで、この時にあたって、「創価学会インタナショナル（ＳＧＩ）の永遠《えいえん》の五指針《ししん》」との意義を込めて、日蓮大聖人の御聖訓《ごせいくん》を通し、また恩師《おんし》の指導を振《ふ》り返《かえ》りながら共々《ともども》に学んでいきたいと思います。目の前の後継《こうけい》の青年たちと懇《こん》談的《だんてき》に語り合うつもりで進めていきます。

「成長家族」「創造《そうぞう》家族」に

私は、「成長家族」「創造《そうぞう》家族」という言葉が大好きです。

家庭は、人生の基本となる「安心」と「希望」の拠点《きょてん》であり、「幸福」と「平和」の基地《きち》にほかならない。日々の生命と活力《かつりょく》の「蘇生《そせい》」の場であり、前進と充実《じゅうじつ》を生み出す「創造《そうぞう》」の絆《きずな》であり、「和楽《わらく》」と「成長」の城《しろ》です。

仮《かり》に離《はな》れて暮《く》らしていても、家族は家族です。大聖人は、お母様《かあさま》をどこまでも大切にされました。もっと親の言うことを聞いていればと、ありのままの人間性で悔《く》やまれている御書もあります〈注1〉。

家族は、日蓮仏法の信仰《しんこう》において、かけがえのないテーマです。ゆえに「一家和楽《わらく》の信心」が一番目に掲《かか》げられているのです。

戸田先生は、「社会の基盤《きばん》は、家庭にある。そして、盤石《ばんじゃく》な家庭を建設していく源泉《げんせん》は、一家和楽《わらく》の信心である。それこそが、一家の幸せのためにも、社会の繁栄《はんえい》のためにも、不可欠《ふかけつ》な要件《ようけん》といってよい」と構想《こうそう》されていました。

地域や社会の繁栄《はんえい》といっても、その基盤《きばん》はどこまでも家族や家庭にある。家庭という最小単位《さいしょうたんい》において、一人一人が互《たが》いに尊重《そんちょう》し、励《はげ》まし合い、成長して、調和《ちょうわ》の世界を築《きず》いていくことが平和の起点《きてん》です。

「和楽《わらく》」という、世界平和の縮図《しゅくず》を実現するために、いかにあるべきか。

第一は、自《みずか》らが「家庭の太陽」となって、慈悲《じひ》の陽光《ようこう》で皆を包《つつ》むことです。

第二は、親子、夫婦という家族の絆《きずな》は、三世《さんぜ》の宿縁《しゅくえん》であることを知って、互《たが》いに尊敬《そんけい》し合うことです。

そして第三は、社会に貢献《こうけん》していくことと、その後継《こうけい》の流れを創《つく》り出《だ》すことです。

順《じゅん》に確認していきたいと思います。

真《しん》の孝養《こうよう》の在《あ》り方《かた》を教えられる

大聖人は、たとえば、四条金吾《しじょうきんご》・日眼女《にちげんにょ》、富木常忍《ときじょうにん》・富木尼《ときあま》、阿仏房《あぶつぼう》・千日尼《せんにちあま》、南条兵衛七郎《なんじょうひょうえしちろう》・上野尼夫妻《うえのあまふさい》など、門下《もんか》の家族に対して、常に配慮《はいりょ》され、皆が和楽《わらく》の家族を築《きず》いていくように指導されています。

また、大聖人の仰《おお》せのままに池上兄弟《いけがみきょうだい》〈注2〉とその家族が、難《なん》を乗り越えて、最後は父親の入信を実現し、見事《みごと》に「一家和楽《わらく》の信心」の実証《じっしょう》を示しました。

この間《かん》、池上兄弟《いけがみきょうだい》は、父親から法華経の信仰《しんこう》を反対され、兄の宗仲《むねなか》が勘当《かんどう》されました。この勘当に際《さい》して、大聖人が力強《ちからづよ》く激励《げきれい》されているのが「兄弟抄《きょうだいしょう》」〈注3〉です。

御文

兄弟抄《きょうだいしょう》、御書一〇八五ページ《ジペー》七行目〜八行目

一切は・をやに随《したが》うべきにてこそ候《そうら》へども・仏《ほとけ》になる道は随わぬが孝養《こうよう》の本《もと》にて候《そうろう》か

現代語訳

一切のことは親に随《したが》うべきではあるけれども、仏《ほとけ》に成《な》る道においては親に随わないことが孝養《こうよう》の根本《こんぽん》なのではないだろうか。

万人成仏《ばんにんじょうぶつ》の妙法を持《たも》ち続ける

大聖人は本抄で、真《しん》の孝養《こうよう》の在《あ》り方《かた》について教えられています。親の言うことを聞き、安心させることが親孝行《おやこうこう》であることに違《ちが》いないけれども、成仏《じょうぶつ》への道についてだけは、たとえ親に反対されたとしても、貫《つらぬ》き通すことが最高の孝養《こうよう》になると示されているのです。

もとより、親子なのですから、いたずらに反発するようなことがあってはなりません。

大聖人は、釈尊《しゃくそん》が父・浄飯王《じょうぼんおう》の心に随《したが》わず出家《しゅっけ》したことによって、真実の報恩《ほうおん》の道に入ったというエピソードも紹介されています〈注4〉。すなわち「孝《こう》養《よう》」か「信仰《しんこう》」かといった二者択一《にしゃたくいつ》ではなく、万人成仏《ばんにんじょうぶつ》の妙法を持《たも》ち続けることで、必ず真《しん》の孝養の道を開いていくことができると教えられているのです。

浄蔵《じょうぞう》・浄眼《じょうげん》は法華経の和楽《わらく》の物語

本抄では、法華経に説《と》かれる一家和楽《わらく》の物語ともいえる、浄蔵《じょうぞう》・浄眼兄弟《じょうげんきょうだい》

〈注5〉の逸話《いつわ》も取り上げられています。

浄蔵《じょうぞう》・浄眼《じょうげん》の兄弟《きょうだい》と母親の浄徳夫人《じょうとくふじん》は、仏法を信仰《しんこう》していましたが、父親の妙荘厳王《みょうしょうごんのう》だけはバラモンの教えに執着《しゅうちゃく》していました。

兄弟《きょうだい》は、〝王にも仏法を教え、国を救《すく》いたい〟という仏《ほとけ》の心を知り、まずは母親に相談《そうだん》します。そして母のアドバイスにしたがって、王の前で数々《かずかず》の神変《しんぺん》（神通変化《じんつうへんげ》）を見せたところ、王は歓喜《かんき》し、兄弟の師匠《ししょう》である仏の説法《せっぽう》を聞くことを決意するのです。

ここで「神変《しんぺん》」とは、決して超能力《ちょうのうりょく》のようなものではありません。今日《こんにち》で言えば、人間として成長した姿《すがた》、すなわち「人間革命」の実証《じっしょう》といえるでしょう。

戸田先生も、この話を通して、未入会《みにゅうかい》の親がいる青年をよく励《はげ》まされていました。

「慌《あわ》てて、信心の理屈《りくつ》を話す必要はない。時間がかかっても、かまわないから、まず自分自身が立派になって親を安心させていくことだ。そして本当に親を愛し、慈《いつく》しみ、親孝行《おやこうこう》してもらいたい」と。

私も十九歳で入信した時、父親は信心に猛反対《もうはんたい》でした。父と私の間に立って、母親も大変に苦しんでいました。この私自身の体験《たいけん》の上からも、未入会《みにゅうかい》の家族を持った方々《かたがた》の苦労は痛《いた》いほどわかります。

だからこそ、信心のことで、感情的《かんじょうてき》になって争《あらそ》ってはならないし、焦《あせ》ってもならないと申《もう》し上《あ》げたい。

御書に仰《おお》せの通り、誰《だれ》か一人でも「仏《ほとけ》になる道」を貫《つらぬ》いて信心に励んでいくならば、それが家族への真《しん》の孝養《こうよう》の道となります。

信心をしている一人が、どこまでも家族を愛し、大切にしていくことです。家族に希望の光を贈《おく》っていく光源《こうげん》へと、自分自身を磨《みが》き「人間革命」させていくことです。

自身が「一家の太陽」となることが、一家和楽《わらく》を築《きず》いていく直道《じきどう》にほかならないのです。これが「和楽」の第一の要諦《ようてい》です。

御　文

光日上人御返事《こうにちしょうにんごへんじ》、御書九三四ジペー七行目〜八行目

光日上人《こうにちしょうにん》は子を思うあまりに法華経の行者《ぎょうじゃ》と成《な》り給《たも》ふ、母と子と倶《とも》に霊山浄土《りょうぜんじょうど》へ参《まい》り給うべし、其《そ》の時御対面《ごたいめん》いかにうれしかるべき・いかにうれしかるべき

現代語訳

光日上人《こうにちしょうにん》は、わが子を思うあまり、法華経の行者《ぎょうじゃ》となられた。母と子がともに霊山浄土《りょうぜんじょうど》に参《まい》ることができよう。その時の御対面《ごたいめん》は、どんなにかうれしいことであろう。どんなにかうれしいことであろう。

家族が永遠《えいえん》に幸福の軌道《きどう》を

仏法は「人間のための宗教」です。いかなる生死《しょうじ》の悲《かな》しみをも乗り越え、家族が永遠《えいえん》に幸福の軌道《きどう》を進みゆく希望の哲学《てつがく》です。

誰《だれ》しも死を迎《むか》えるゆえに、大切な家族を失《うしな》う悲《かな》しみは避《さ》けられません。

とりわけ、子どもを亡《な》くし悲嘆《ひたん》にくれる門下《もんか》に対し、大聖人は、長年《ながねん》にわたって、その心に寄《よ》り添《そ》われ、大激励《だいげきれい》を続けられました。

その一人が、光日尼《こうにちあま》という安房国《あわのくに》（千葉県南部）の女性です。光日尼には弥《や》四郎《しろう》という息子《むすこ》がいました。真摯《しんし》に師匠《ししょう》を求《もと》めた弟子《でし》であり、また母親思いの孝行《こうこう》息子でした。

大聖人も説法《せっぽう》の場で弥《や》四郎《しろう》に会ったことを鮮明《せんめい》に覚《おぼ》えておられ、容貌《ようぼう》は立派で、素直《すなお》な人柄《ひとがら》が伝わってきたと述懐《じゅっかい》されています（御書九二八ページ、趣意）。

その後、武士《ぶし》であった弥《や》四郎《しろう》は、何かの事情《じじょう》で、文永《ぶんえい》十一年（一二七四年）

六月に、亡《な》くなります。

夫《おっと》とも離別《りべつ》していた光日尼《こうにちあま》にとって、最愛《さいあい》の息子《むすこ》を失《うしな》った悲痛《ひつう》は想像《そうぞう》を絶《ぜっ》するものだったことでしょう。

亡《な》き息子《むすこ》が親を導《みちび》く存在に

大聖人が弥四郎《やしろう》の訃報《ふほう》に接《せっ》したのは、出会ってから二年ほど経《た》った建治《けんじ》二年(一二七六年)です。

母・光日尼《こうにちあま》から手紙が届《とど》いたことによってでした。

「をひたる《老》はわ《母》は・とどまりて・わきき《若》子のさき《前》にたつ・なさけなき事《こと》なれば神も仏《ほとけ》もうらめしや」(御書九二九ページ)と、大聖人は、子に先立たれた母の沈《ちん》痛《つう》な心にどこまでも同苦《どうく》し、共に嘆《なげ》いてくださっています。

大聖人は、「たとえ悪人《あくにん》であっても、母が釈迦仏《しゃかぶつ》の御宝前《ごほうぜん》で昼夜《ちゅうや》に嘆《なげ》き、追《つい》善《ぜん》を行えば、どうして弥四郎殿《やしろうどの》が成仏《じょうぶつ》できないことがあるでしょうか」「ましてや、弥四郎殿は法華経を信じていたのですから、親を導《みちび》く身となられているでしょう」（御書九三一ジペー、通解）と、最大限《さいだいげん》の激励《げきれい》の言葉を贈《おく》られています。母も子も万人成仏《ばんにんじょうぶつ》の法華経を持《たも》っているのだから、母子一体《ははこいったい》の成仏は間違《まちが》いないと断言《だんげん》されているのです。

光日尼《こうにちあま》は生きる勇気を得て、一段《いちだん》と信心に励んだことでしょう。そして妙法により蘇生《そせい》し、見事《みごと》な宿命転換《しゅくめいてんかん》を果《は》たしていったのです。

「生も歓喜《かんき》、死も歓喜」の仏法

事実、弘安《こうあん》四年（一二八一年）に認《したた》められた「光日上人御返事《こうにちしょうにんごへんじ》」〈注6〉では、光日尼《あま》のことを「光日上人」と尊称《そんしょう》され、讃《たた》えられています。そして次のように仰《おお》せです。

「光日上人《こうにちしょうにん》は、わが子を思うあまり法華経の行者《ぎょうじゃ》となられた」

すなわち、息子《むすこ》の成仏《じょうぶつ》を願《ねが》って祈り、実践《じっせん》してきたことで、母親も立派な法華経の行者《ぎょうじゃ》となったのであると。

さらに「母と子がともに霊山浄土《りょうぜんじょうど》に参《まい》ることができる」と述べられ、その時の対面《たいめん》がどれほどまでに喜《よろこ》ばしいことであるかと、母子《ははこ》一体《いったい》の信心の勝利の姿《すがた》を、心から讃嘆《さんたん》されているのです。

大切な家族を失《うしな》うことは、あまりにもつらく悲《かな》しい出来事《できごと》です。頭ではわかっていても、感情や心の次元《じげん》で肉親《にくしん》の死を受け入れるまでには、時間がかかるでしょう。

心が落ち着くまでの時間は、人それぞれです。心が及《およ》ぶまで追善《ついぜん》の題目を唱《とな》えなさい、という御文《ごもん》もあります〈注7〉。

病気で亡《な》くなる場合もある。災害《さいがい》や事故《じこ》で突然《とつぜん》、命を失《うしな》う場合もある。しかし、「心の財《たから》」は壊《こわ》れることはありません。広宣流布の途上《とじょう》で亡くなった場合は、断《だん》じて今世《こんぜ》の宿命転換《しゅくめいてんかん》を果《は》たし、悠然《ゆうぜん》たる境涯《きょうがい》で霊山《りょうぜん》へと旅立《たびだ》っているのです。自《みずか》らは信心していなくとも、家族の題目に包《つつ》まれた方《かた》も同じです。

「生死不二《しょうじふに》」の仏法です。

大聖人は、妙法の絆《きずな》で結《むす》ばれた家族は、死してなお、再《ふたた》び巡《めぐ》り合《あ》えると仰《おお》せです〈注8〉。

親子、夫婦は三世《さんぜ》の宿縁《しゅくえん》です。ゆえに、どこまでも信頼《しんらい》し、互《たが》いに成長していこうと励《はげ》まし合うことで、妙法の絆《きずな》はますます深くなっていきます。これが「和楽《わらく》」の第二の要諦《ようてい》です。

「生も歓喜《かんき》、死も歓喜」の仏法の眼《まなこ》から見るならば、「生も和楽《わらく》、死も和楽」の大境涯《だいきょうがい》を必ず開いていけるのです。

御文

上野殿御返事《うえのどのごへんじ》、御書一五五四ページ九行目～一五五五ページ一行目

こうへのどの《故上野殿》をこそ・いろ《色》あるをとこ《男》と人は申《もう》せしに・其《そ》の御子《みこ》なればくれない《紅》のこき《濃》よしをつたへ給《たま》えるか、あい《藍》よりもあをく《青》・水よりもつめたき《冷》冰《こおり》かなと・ありがたし・ありがたし

現代語訳

亡《な》くなられた上野殿《うえのどの》（南条兵衛七郎《なんじょうひょうえしちろう》）こそ、情《なさ》けに厚《あつ》い人と言われていたが、（南条時光《ときみつ》は）そのご子息《しそく》であるから、父のすぐれた素質《そしつ》を受《う》け継《つ》がれたのであろう。

青は藍《あい》より出《い》でて藍より青く、氷《こおり》は水より出でて水より冷《つめ》たいようであると感嘆《かんたん》している。

ありがたいことである。ありがたいことである。

後継者《こうけいしゃ》の育成《いくせい》も家族の使命

「和楽《わらく》」の第三の要諦《ようてい》は、〝開かれた家庭〟として、社会へ貢献《こうけん》し、未来を創《つく》る人材を送り出すことです。

世界広布新時代の今、新しい力《ちから》を持つ新しい人材群《じんざいぐん》が全国各地、否《いな》、全世界に躍《おど》り出《で》ています。と同時に、一方で学会二世、三世、さらには四世というメンバーが、それぞれの親や祖父母《そふぼ》の世代《せだい》から、信心をまっすぐに受《う》け継《つ》ぎ、広布の庭《にわ》で頼《たの》もしく育ってくれています。

家庭における信心の継承《けいしょう》――これは、創立一〇〇周年を目指《めざ》し、万代《ばんだい》への盤《ばん》石《じゃく》な広宣流布の基盤《きばん》を築《きず》いていく上で最重要《さいじゅうよう》の課題《かだい》です。

大聖人の時代に、親の信心を正しく継承《けいしょう》し、いわば未来部から立派な青年部へと成長を遂《と》げた模範《もはん》の門下《もんか》がいました。その筆頭《ひっとう》が、南条時光《なんじょうときみつ》〈注9〉でしょう。

時光《ときみつ》の父である南条兵衛七郎《なんじょうひょうえしちろう》も、母である上野尼《うえのあま》も、苦難《くなん》に際《さい》して大聖人の御指導《ごしどう》を拝《はい》し、その通りに実践《じっせん》してきた門下《もんか》です。

兵衛七郎《ひょうえしちろう》は、もともとは念仏者《ねんぶつしゃ》でしたが、大聖人に接《せっ》して、その信仰《しんこう》を改《あらた》めたようです。重い病《やまい》を患《わずら》いましたが、妙法に生き抜いて、安《やす》らかに死を迎《むか》えました。それは「即身成仏《そくしんじょうぶつ》」（御書一五〇六ジペー）であり、「臨終正念《りんじゅうしょうねん》」（御書一五〇八ジペー）の姿《すがた》でありました。

時光《ときみつ》の従藍而青《じゅうらんにしょう》の姿《すがた》を賞讃《しょうさん》

兵衛七郎《ひょうえしちろう》が亡《な》くなった時に時光《ときみつ》は七歳でした。その後、時光は家督《かとく》を相続《そうぞく》して地頭《じとう》となり、父母からの信仰《しんこう》も受《う》け継《つ》ぎました。

大聖人が身延《みのぶ》に入山《にゅうざん》された文永《ぶんえい》十一年（一二七四年）、十六歳の凛々《りり》しい青年に成長した時光《ときみつ》は大聖人のもとへ訪《たず》ねていきます。

大聖人はこの再会《さいかい》の折《おり》、立派に育った後継者《こうけいしゃ》に、「（父の兵衛七郎《ひょうえしちろう》に）姿《すがた》も違《たが》わないばかりか、お心まで似《に》ていることは言いようもありません」（御書一五〇七ページ、通解）と愛《め》でられています。

そして弘安《こうあん》二年（一二七九年）一月に認《したた》められた「上野殿御返事《うえのどのごへんじ》」〈注10〉で、「従藍而青《じゅうらんにしょう》」の譬《たと》えを通して次のように仰《おお》せです。

「亡《な》くなられた上野殿《うえのどの》（南条兵衛七郎《なんじょうひょうえしちろう》）こそ、情《なさ》けに厚《あつ》い人と言われていたが、（南条時光《ときみつ》は）そのご子息《しそく》であるから、父のすぐれた素質《そしつ》を受《う》け継《つ》がれたのであろう」

父の後《あと》を継《つ》いで晴《は》れがましく成長し、堂々《どうどう》と信心を受《う》け継《つ》いでいる様子《ようす》を、大聖人は本当に喜《よろこ》ばれていたのです。

「女子《おなご》は門《もん》をひらく《開》」

時光《ときみつ》の成長のドラマの陰《かげ》には、母・上野尼《うえのあま》の存在があったことは言うまでもありません。大聖人からの度重《たびかさ》なる励《はげ》ましを受け、夫《おっと》を亡《な》くした悲哀《ひあい》を乗り越え、一家の柱《はしら》となって子どもたちと共に信心に励んできました。

別のお手紙の中に「子ども・あまた《数多》をはしませば」（御書一五六七㌻）とあるように、上野尼《うえのあま》には多くの子どもがいたようです。娘《むすめ》では、新田重綱《にいだしげつな》の妻《つま》で日《にち》目上人《もくしょうにん》の母である蓮阿尼《れんあに》、石河新兵衛能助《いしかわしんひょうえよしすけ》の妻などが知られています。

各地に嫁《とつ》いでいった娘《むすめ》たちもまた、それぞれの家庭で信心を貫《つらぬ》いていったのです。

時光《ときみつ》に与《あた》えられた他の御書に「女子《おなご》は門《もん》をひらく《開》・男子《おのこご》は家をつぐ《継》」（御書一五六六㌻）と仰《おお》せの通り、信心を継承《けいしょう》した女性の使命とは、一家一族《いちぞく》の「幸福の門」を開き、地域社会の「繁栄《はんえい》の門」、そして広宣流布の「勝利の門」を開きゆくのです。

ゆえに世界広布新時代にあたって、花の女子部・池田華陽会《かようかい》の尊《とうと》き皆さんの使命は、いやまして大きいといえるでしょう。今、華陽のスクラムは世界に広がっています。五大陸の各地で賑《にぎ》やかに歓喜《かんき》の輪《わ》が広がっています。

仲良《なかよ》く励《はげ》まし合いながら、女子部らしく、朗《ほが》らかに希望の前進をしていただきたいと、妻と祈っています。

ともあれ、親から息子《むすこ》や娘《むすめ》へという、信心継承《けいしょう》のドラマの中に、一家和楽《わらく》の要諦《ようてい》もあるといって過言《かごん》ではありません。そのためにも戸田先生は「子どもは、学会の庭《にわ》で育てなさい」と繰《く》り返《かえ》し訴《うった》えられていました。

家族で一緒に会合に参加することにも大きな意味があります。子どもたちが、今は分からなかったとしても、信心の息吹《いぶき》を肌《はだ》から感じることで、偉大《いだい》なる仏縁《ぶつえん》を結《むす》んでいることは間違《まちが》いないのです。なかんずく、未来部の担当者の方々《かたがた》の存在は、尊《とうと》い尊い善知識《ぜんちしき》です。

親は、どこまでも子どもたちの可能性《かのうせい》を信じることです。誰《だれ》もが末法閻浮提《まっぽうえんぶだい》の広宣流布を約束した地涌《じゆ》の菩薩《ぼさつ》です。いつかその使命に目覚《めざ》めて立ち上がる時が必ず来ます。

その時まで諦《あきら》めずに成長を祈り続けられるかどうか、親の信心が試《ため》されているのです。

「和楽《わらく》」の哲学《てつがく》が人類の希望に

五指針《ししん》の根本中《こんぽんちゅう》の根本である「一家和楽《わらく》の信心」を目指《めざ》す実践《じっせん》の中に、仏道《ぶつどう》修行《しゅぎょう》の根幹《こんかん》が含《ふく》まれています。また、ここに、広宣流布への確《たし》かな道も含まれているのです。

互《たが》いに和楽《わらく》の信心を築《きず》く中に、慈悲《じひ》の生命が強く育《はぐく》まれます。青年が親を愛する中に、他者《たしゃ》を思う心もこみ上げてきます。

一人暮らしの方《かた》、結婚《けっこん》されていない方もいます。お子さんのいない夫妻《ふさい》もおられます。ひとり親のご家庭もあります。家族《かぞく》の在《あ》り方《かた》は千差万別《せんさばんべつ》です。

しかし、私たちは、皆、創価家族です。久遠元初《くおんがんじょ》からの誓願《せいがん》という最《もっと》も深く、最も麗《うるわ》しい生命の絆《きずな》で結《むす》ばれています。

苦労を分かち合い、困難《こんなん》を克服《こくふく》し、互《たが》いの成長をたたえ合い、感謝し合う。愚痴《ぐち》を祈りに変え、非難《ひなん》を励《はげ》ましに変え、苦楽《くらく》を共にする価値創造《かちそうぞう》の家族から、地域や共同体《きょうどうたい》を変革《へんかく》する希望が生まれます。和楽《わらく》の家庭が築《きず》かれてこそ、真《しん》の平和社会が創出《そうしゅつ》されていきます。

今、世界中で妙法の和楽《わらく》の家族が陸続《りくぞく》と輝《かがや》き、そこから、友情と調和と平和の連帯《れんたい》が幾百万《いくひゃくまん》、幾千万にも広がっています。家庭革命こそ、人類の宿命転換《しゅくめいてんかん》に直結《ちょっけつ》するのです。

社会に安心を与《あた》える生命のオアシス――それが、私たちの「一家和楽《わらく》」の実証《じっしょう》によって、この地球《ほし》のいたるところに誕生《たんじょう》しています。

まさに、創価の「和楽《わらく》」の家庭こそ、人類宗教の希望の太陽なのです。

［注　解］

〈注1〉「日蓮が母存生《ぞんしょう》してをはせしに仰《おお》せ候《そうらい》し事《こと》をも・あまりにそむきまいらせて候しかば、今をくれまいらせて候《そうろう》が・あながちにくや《悔》しく覚《おぼ》へて候《そうら》へば……」（御書一四〇一㌻）

〈注2〉【池上兄弟《いけがみきょうだい》】日蓮大聖人御在世《ございせ》当時の在家《ざいけ》の中心的な弟子《でし》。大聖人に敵対《てきたい》した極楽寺良観《ごくらくじりょうかん》に帰依《きえ》していた父・康光《やすみつ》から、兄《あに》の宗仲《むねなか》が二度にわたって勘当《かんどう》されて苦境《くきょう》に陥《おち》ったが、兄弟団結《だんけつ》して信心を貫《つらぬ》き、勘当を許《ゆる》され、ついに父をも入信《にゅうしん》に導《みちび》いた。

〈注3〉【兄弟抄《きょうだいしょう》】池上《いけがみ》兄弟および夫人たちに団結して困難《こんなん》を乗り越えゆくように激励《げきれい》された長文のお手紙。なぜ難にあうのかを、過去の謗法《ほうぼう》の重罪《じゅうざい》、諸天善神《しょてんぜんじん》からの試練《しれん》等の観点から明かされている。

〈注4〉「釈迦如来《しゃかにょらい》は太子《たいし》にて・をはせし時・父の浄飯王《じょうぼんおう》・太子を・をしみたてまつりて出家《しゅっけ》をゆるし給《たま》はず、四門《しもん》に二千人の・つわもの《兵》をすへて・まほらせ給ひしかども、終《つい》に・をや《親》の御心《おこころ》をたがへて家を・いでさせ給いき」（御書一〇八五㌻）

〈注5〉【浄蔵《じょうぞう》・浄眼兄弟《じょうげんきょうだい》】法華経妙荘厳王本事品《みょうしょうごんのうほんじほん》第二十七に説《と》かれる二人の王子。父は妙荘厳王、母は浄徳夫人《じょうとくふじん》。

〈注6〉【光日上人御返事《こうにちしょうにんごへんじ》】弘安《こうあん》四年（一二八一年）八月、安房《あわ》の光日尼《あま》に送られたお手紙。「光日尼御前《ごぜん》はいかなる宿習《しゅくじゅう》にて法華経をば御信用《ごしんよう》ありけるぞ」（御書九三三㌻）と、光日尼の信心を讃《たた》えられている。

〈注7〉「いかにも・いかにも追善供養《ついぜんくよう》を心のをよ《及》ぶほどははげ《励》み給《たも》うべし」（御書一五〇六㌻）

〈注8〉「一つ種《たね》は一つ種・別《べつ》の種は別の種・同じ妙法蓮華経の種を心に・はら《孕》ませ給《たま》いなば・同じ妙法蓮華経の国へ生《うま》れさせ給《たも》うべし」（御書一五七〇㌻）等。

〈注9〉【南条時光《なんじょうときみつ》】一二五九年〜一三三二年。駿河国《するがのくに》・上野郷《うえのごう》（静岡県富士宮市《ふじのみやし》）の地頭《じとう》で、南条兵衛七郎《ひょうえしちろう》の次男《じなん》。七歳で父を亡《な》くしたが、日蓮大聖人の身延入山《みのぶにゅうざん》以来、親《した》しく御指導《ごしどう》を受け、弘安年間《こうあんねんかん》の熱原《あつはら》の法難《ほうなん》では外護《げご》に尽《つ》くし、「上野賢人《けんじん》」との称号《しょうごう》を賜《たまわ》っている。

〈注10〉【上野殿御返事《うえのどのごへんじ》】弘安《こうあん》二年（一二七九年）一月三日、雪が積もり険《けわ》しい山道の中を時光《ときみつ》が正月の十字《むしもち》を御供養《ごくよう》されたことに対する御返事。

幸福をつかむ信心

自他共《じたとも》に遊楽《ゆうらく》の人生を

日蓮大聖人の仏法の目的は何か――。

人間は、幸福になるために、この世に生まれてきました。不幸になりたくて生まれてきた人は誰《だれ》一人としていません。ゆえに「幸福」は、古来《こらい》、哲学《てつがく》の根本命題《こんぽんめいだい》でした。

そして、宗教は、本来《ほんらい》、人間の幸福のためにこそ存在するのです。

第二次世界大戦中の大弾圧《だいだんあつ》で壊滅《かいめつ》させられた学会の再建《さいけん》に、わが恩師《おんし》・戸田城聖《じょうせい》先生が一人立ち上がられたのは、日本が敗戦《はいせん》の焦土《しょうど》と化《か》していた時です。

誰《だれ》もがただ生きるのに精《せい》いっぱいで、すさみきった心には夢も希望もない。食糧不足《しょくりょうぶそく》、経済苦《けいざいく》、生活苦、病気、家庭不和《ふわ》、失業《しつぎょう》、過重労働《かじゅうろうどう》。そして社会に渦巻《うずま》く不信《ふしん》と騒乱《そうらん》、戦争の傷跡《きずあと》、子どもたちの絶望《ぜつぼう》……右も左も、悲惨《ひさん》と不幸と苦悩《くのう》のまっただ中でした。

「つかむ」という能動《のうどう》の姿勢《しせい》

この混迷《こんめい》は、二十一世紀の今も人類の切実《せつじつ》な問題となっています。人間としての尊厳《そんげん》、誇《ほこ》り、自立《じりつ》と生きる喜《よろこ》びを失《うしな》わせ、絶望《ぜつぼう》とあきらめの暗闇《くらやみ》に陥《おとしい》れる貧困《ひんこん》や疾病《しっぺい》や戦争。生存《せいぞん》の権利《けんり》を奪《うば》うような宿命的《しゅくめいてき》な事態《じたい》を目《ま》の当《あ》たりにして、どう「生きる意味」を見いだしていくのか。この課題《かだい》に真《ま》っ正面《しょうめん》から向き合ってこそ、本物の「生きた宗教」「人間のための宗教」なのではないでしょうか。

そうした現実社会の混迷《こんめい》の極《きわ》みの中で、戸田先生は仏法の幸福論を訴《うった》え切られたのです。

たとえ今、どんなに苦悩《くのう》と絶望《ぜつぼう》のどん底《ぞこ》にあろうが、妙法は必ず幸福な人生を勝ち開いていける大法《だいほう》である――。この絶対の確信は、学会員にとって、未来への大いなる希望となり、辛酸《しんさん》に満《み》ちた現実の中で歯《は》を食《く》いしばって耐《た》え抜《ぬ》き、戦い抜いていく決意を、根底《こんてい》で支《ささ》えるものとなりました。

先生は、「幸福をつかむ信心」と言われました。この「つかむ」という一言《ひとこと》には、深い深い哲学《てつがく》があります。

幸福は、他《ほか》の誰《だれ》かから与《あた》えられるものではない。自分の意志《いし》や努力とは無関係に、いつか突然《とつぜん》やって来るのを待つのでもない。究極《きゅうきょく》は、各人《かくじん》が、自分自身で「つかむ」しかありません。必ず「つかむ」ことができる信心なのです。

そして、三世《さんぜ》に崩《くず》れざる真《しん》の幸福境涯《きょうがい》を、自他共《じたとも》の胸中《きょうちゅう》に築《きず》き上《あ》げていく。それが、創価学会の信心の実践《じっせん》です。続いて、「創価学会永遠《えいえん》の五指針《ししん》」の二番目の「幸福をつかむ信心」について学び合いましょう。

御文

四条金吾《しじょうきんご》殿《どの》御返事《ごへんじ》、御書一一四三ページ三行目～六行目

法華経を持《たも》ち奉《たてまつ》るより外《ほか》に遊楽《ゆうらく》はなし現世《げんぜ》安穏《あんのん》・後生善処《ごしょうぜんしょ》とは是《これ》なり、ただ世間《せけん》の留難《るなん》来《きた》るとも・とりあへ給《たも》うべからず、賢人《けんじん》・聖人《しょうにん》も此《こ》の事《こと》はのがれず、ただ女房《にょうぼう》と酒《さけ》うちのみて南無妙法蓮華経と・となへ給《たま》へ、苦《く》をば苦とさとり楽《らく》をば楽とひらき苦楽《くらく》ともに思《おも》い合《あわ》せて南無妙法蓮華経とうちとな《唱》へゐ《居》させ給へ、これあに自受法楽《じじゅほうらく》にあらずや、いよいよ強盛《ごうじょう》の信力《しんりき》をいたし《致》給へ

現代語訳

法華経を持《たも》つこと以外《いがい》に、遊楽《ゆうらく》はない。「今世《こんぜ》の生《せい》は安穏《あんのん》であり、後世《ごせ》は善《よ》い処《ところ》に生まれる」（薬草喩品《やくそうゆほん》第五）とは、このことである。

ただ、世間《せけん》の人々からどんな難《なん》があっても、とりあってはならない。賢人《けんじん》や聖人《しょうにん》であっても、このことは逃《のが》れられないからである。ただ、女房《にょうぼう》と酒《さけ》を飲《の》み、また、南無妙法蓮華経と唱《とな》えていきなさい。

苦しいことがあっても、苦《く》は避《さ》けられないと見極《みきわ》め、楽《たの》しきことは楽しきことと味《あじ》わい、苦も楽《らく》もともに思い合わせて南無妙法蓮華経と唱《とな》え続けていきなさい。これこそ、「自受法楽《じじゅほうらく》（自《みずか》ら法《ほう》に生きる楽しみを受けること）」ではないか。

いよいよ強盛《ごうじょう》な信力《しんりき》を現していきなさい。

絶対的幸福境涯《きょうがい》の確立《かくりつ》

私たちが「つかむ」べき幸福とは、いかなる幸福でしょうか。

戸田先生が教えてくださった仏法の幸福観の要諦《ようてい》は、二点ありました。

一つは、「相対的幸福《そうたいてきこうふく》」に対する「絶対的幸福」という幸福観です。

これは、生活の豊かさや健康などの相対的《そうたいてき》幸福を否定《ひてい》しているのではありません。仕事も大事、健康も大事、生活の向上《こうじょう》も大事です。それらを勇敢《ゆうかん》に勝ち取りながら、仏法の実践《じっせん》によって、何ものにも壊《こわ》されない、「生きることそれ自体《じたい》が楽しい」という絶対的幸福境涯《きょうがい》を開き、「常楽我浄《じょうらくがじょう》〈注1〉の人生」を築《きず》いていくことを呼《よ》び掛《か》けられているのです。

もう一つは、「我々《われわれ》はこの世に楽しむために生まれてきたのだ」ということです。

法華経は、この世界を「衆生所遊楽《しゅじょうしょゆうらく》」〈注2〉と説《と》きます。しかし、苦悩《くのう》多き娑婆《しゃば》世界は、弱い生命力《せいめいりょく》では遊楽《ゆうらく》していくことはできない。ゆえに信心で仏界《ぶっかい》の生命を涌現《ゆげん》し、生命力を強くするのです。強い生命力を発揮《はっき》すれば、起伏《きふく》に富《と》んだ人生の坂《さか》も悠々《ゆうゆう》と楽しみながら上《のぼ》っていける。さまざまな困難《こんなん》や苦労も〝お汁粉《しるこ》に入れるひとつまみの塩〟のように、人生の喜《よろこ》びを増《ま》してくれるものに変えていくことができるのです。

こうした人生の醍醐味《だいごみ》を、皆が味《あじ》わってほしいと、恩師《おんし》は常に願《ねが》われていました。

「衆生所遊楽《しゅじょうしょゆうらく》」の自在《じざい》の人生を

「四条金吾殿御返事《しじょうきんごどのごへんじ》」〈注3〉は、苦境《くきょう》の中にいる四条金吾夫妻《ふさい》に対して、大聖人が絶対の安穏《あんのん》の境涯論《きょうがいろん》を教えられたお手紙です〈注4〉。

本抄の冒頭《ぼうとう》に、「一切衆生《いっさいしゅじょう》・南無妙法蓮華経と唱《とな》うるより外《ほか》の遊楽《ゆうらく》なきなり」（御書一一四三ページ）と仰《おお》せです。これ以上に人生を自在《じざい》に遊戯《ゆうげ》できる幸福の道はない、と示されています。この意義を踏《ふ》まえて、「法華経を持《たも》ち奉《たてまつ》るより外に遊楽はなし」と御断言《ごだんげん》です。

信心一筋《ひとすじ》に生きる生命それ自体《じたい》が仏界《ぶっかい》であり、悠々《ゆうゆう》と人生を遊楽《ゆうらく》していくことができる。「現世安穏《げんぜあんのん》・後生善処《ごしょうぜんしょ》」〈注5〉は、断《だん》じて間違《まちが》いないのです。

確《たし》かに、世間《せけん》は、何やかやと雑音騒音《ざつおんそうおん》の絶《た》えることがないものです。いかに立派な生き方を貫《つらぬ》いていても、煩《わずら》わしい圧迫《あっぱく》を加《くわ》えられることは避《さ》けられない。しかし、「決《けっ》して、とりあってはならない」と仰《おお》せです。

「ただ女房《にょうぼう》と酒《さけ》うちのみて」です。四条金吾《しじょうきんご》に妻《つま》の日眼女《にちげんにょ》がいたように、苦しみを分かち合う同志が、仲間《なかま》が必ずいる。一人で抱《かか》え込《こ》む必要はありません。そして御本尊は全《すべ》てお見通《みとお》しです。人がどう言おうとも、毅然《きぜん》と自身の人生を生き抜いていけばよい。身近《みぢか》な善友《ぜんゆう》と励《はげ》まし合いながら、題目をあげ抜いていく大切さを示されていると拝《はい》せます。

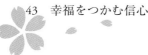

「苦楽《くらく》ともに思《おも》い合《あわ》せて」

「苦《く》をば苦とさとり楽《らく》をば楽とひらき苦楽《くらく》ともに思《おも》い合《あわ》せて南無妙法蓮華経とうちとなへゐ《唱居》させ給《たま》へ」（御書一一四三ジペー）

どれほど多くの同志が、この一節を生命に刻《きざ》んで、唱題に励んできたことでしょうか。どんなに苦しくとも、ひたぶるに御本尊に祈り抜けば、そこから必ず活路《かつろ》は開かれます。

祈りとは、負《ま》けじ魂《だましい》です。

祈りとは、無限《むげん》の希望《きぼう》です。

祈りとは、絶対の安心です。

祈りとは、不屈《ふくつ》の前進です。

祈れることが最大の幸福であり、人間としての最高の尊厳《そんげん》なのです。

次に「自受法楽《じじゅほうらく》」〈注6〉とあります。法楽（法の楽しみ）を自由自在《じゆうじざい》に自《みずか》ら受けきっていける、まさに仏《ほとけ》の境涯《きょうがい》です。

絶対の法《ほう》に則《のっと》り、揺《ゆ》るぎない確信に立った幸福な人生を歩《あゆ》める。他《ほか》の誰《だれ》でもない、自分自身が必ずそうなるのです。

現実の生活を変革《へんかく》する宗教

一九五五年（昭和三十年）の暮《く》れ、大阪で最初の法城《ほうじょう》となる関西本部が落成《らくせい》しました。

この時、戸田先生は、皆が病気を治《なお》し、お金も儲《もう》けて、「信心をまっとうして、りっぱな幸福者《こうふくもの》になってください」と笑《え》みを湛《たた》えて呼《よ》びかけられました。

さらに翌年《よくねん》（昭和三十一年）の二月、あの懐《なつ》かしき中之島《なかのしま》の中央公会堂《こうかいどう》で、先生はユーモアを込《こ》めて語られました。

「仏《ほとけ》さまで、貧乏《びんぼう》した仏さまは聞いたことがない。肺病《はいびょう》で弱っている仏さまは聞いたことがない。借金取《しゃっきんと》りに追《お》いまわされている仏さまは見たことがない」

皆が幸福になるための信心です。先生は、自《みずか》らが御本尊から頂《いただ》いた功徳《くどく》は、この公会堂《こうかいどう》を一杯《いっぱい》にしても、収《おさ》まりきらないのだと、妙法の大功徳を教えてくださいました。

その二カ月後、雨の大阪球場《きゅうじょう》での会合で、関西から「病人《びょうにん》および貧乏人《びんぼうにん》を絶対になくしたい」と叫《さけ》ばれ、貧《まず》しき庶民《しょみん》を、夢も希望もないどん底《ぞこ》生活から救《すく》い出すために、それこそ命《いのち》がけで激励《げきれい》されていました。

信心すれば、必ず功徳《くどく》がある、現実の証明《しょうめい》がある、誰《だれ》でも必ず幸福になれるのだ！

私たちが確信をもって折伏《しゃくぶく》していくにつれ、創価学会に対し、〝貧乏人《びんぼうにん》と病《びょう》人《にん》の集まり〟などと侮蔑《ぶべつ》し、いわゆる〝現世利益《げんぜりやく》〟の宗教だと訳知《わけし》り顔《がお》で冷笑《れいしょう》する人々も現れた。

しかし、そもそも現世《げんぜ》に利益《りやく》は必要ないのか。生活が良くなり、人生が変わってこそ、力《ちから》ある宗教といえるのではないのかと、私たちは、胸を張《は》って主張《しゅちょう》してきました。

何よりも、自分たち自身に生きる活力《かつりょく》がみなぎり、蘇生《そせい》して、宿命《しゅくめい》を打破《だは》する道を現実に歩《あゆ》み始めたという喜《よろこ》びの実感《じっかん》がありました。力強《ちからづよ》く立ち上がっていく関西の庶民《しょみん》たちは、罵声《ばせい》を浴《あ》びせる人たちの本性《ほんしょう》に、宗教の本義《ほんぎ》も知らず、人間を見下《みくだ》す傲慢《ごうまん》と錯覚《さっかく》があることを直感的《ちょっかんてき》に看破《かんぱ》しました。

生活の変革《へんかく》に勝《まさ》る真実はありません。

宿命《しゅくめい》の転換《てんかん》に勝《まさ》る証明《しょうめい》はありません。

先師《せんし》・牧口常三郎《つねさぶろう》先生が明察《めいさつ》された通り、仏法は「生活法《せいかつほう》」です。人生の荒《あら》波《なみ》を勝ち越える力《ちから》です。無上《むじょう》最高の幸福に至《いた》る道です。

戸田先生は、呵々大笑《かかたいしょう》されていました。

「貧乏人《びんぼうにん》と病人《びょうにん》の集まりの何が悪い。一番、不幸な人びとに寄《よ》り添《そ》い、その人たちを救《すく》ってこそ、本当の力《ちから》ある宗教ではないか！　学会は一番の庶民《しょみん》の味《み》方《かた》だ」

恩師《おんし》の師子吼《ししく》は、いわゆる〝貧《ひん》・病《びょう》・争《そう》〟という民衆の不幸の因《いん》を根絶《こんぜつ》せんとする偉大《いだい》なる人権闘争《じんけんとうそう》の大宣言《だいせんげん》でありました。

一番、苦しんだ人が一番、幸福に！

誰人《たれびと》も、幸福になる権利《けんり》がある。仏法は、最《もっと》も苦しんでいる人の最大の味方《みかた》です。

我《われ》ら創価学会が「永遠《えいえん》に民衆の側《がわ》に立つ」ことは、民衆を不幸にする根源《こんげん》の悪《あく》と戦い続け、万人《ばんにん》を幸福にする信念《しんねん》の証《あかし》なのです。

御　文

四菩薩造立抄《しぼさつぞうりゅうしょう》、御書九八八ジペー十四行目〜十七行目

日蓮は世間《せけん》には日本第一の貧《まず》しき者《もの》なれども仏法を以《もっ》て論《ろん》ずれば一閻浮提《いちえんぶだい》第一の富《とめ》る者なり、是《こ》れ時《とき》の然《しか》らしむる故《ゆえ》なりと思《おも》へば喜《よろこ》び身にあまり感涙押《かんるいおさ》へ難《がた》く教主釈尊《きょうしゅしゅしゃくそん》の御恩報《ごおんほう》じ奉《たてまつ》り難《がた》し、恐《おそ》らくは付法蔵《ふほうぞう》の人人《ひとびと》も日蓮には果報《かほう》は劣《おと》らせ給《たま》いたり天台智者大師《てんだいちしゃだいし》・伝教《でんぎょう》大師等も及《およ》び給《たも》うべからず

現代語訳

日蓮は世間的《せけんてき》に見れば日本第一の貧《まず》しい者《もの》であるけれども、仏法の

上から論《ろん》ずるなら、一閻浮提《いちえんぶだい》（世界）第一の富《と》める者である。これは（末法《まっぽう》という）時がそうさせる故《ゆえ》であると思うと、喜《よろこ》びは身にあまり、感涙《かんるい》は抑《おさ》えがたく、教主釈尊《きょうしゅしゃくそん》の御恩《ごおん》は報《ほう》じ奉《たてまつ》りがたい。

おそらくは、付法蔵《ふほうぞう》の人々も、日蓮には果報《かほう》は劣《おと》っているであろう。天台智者大師《てんだいちしゃだいし》・伝教大師《でんぎょう》らも及《およ》ぶものではない。

世界第一の富《と》める者《もの》に

大聖人は迫害《はくがい》によって、何度も命《いのち》を狙《ねら》われ、流罪《るざい》も二度に及《およ》び、さらに日本中から悪口罵詈《あっくめり》されました。「四菩薩造立抄《しぼさつぞうりゅうしょう》」〈注7〉で仰《おお》せのように、世間的《せけんてき》に見れば「日本第一の貧《まず》しき者《もの》」かもしれません。しかし、仏法の明鏡《めいきょう》に映《うつ》してみれば、「一閻浮提《いちえんぶだい》第一の富《とめ》る者なり」――〝世界第一の富《と》める者〟であると宣言《せんげん》されています。

「喜《よろこ》びは身にあまり、感涙《かんるい》は抑《おさ》えがたく」と、大聖人は仰《おお》せです。いかなる権力《けんりょく》の魔性《ましょう》にも侵《おか》されない、金剛不壊《こんごうふえ》の幸福境涯《きょうがい》の実像《じつぞう》が、ここに拝《はい》されます〈注8〉。

大聖人の御遺命《ごゆいめい》たる広宣流布に邁進《まいしん》している私たちは、日々の活動のなかで崩《くず》れざる幸福境涯《きょうがい》を開いています。言《い》い換《か》えれば、最極《さいごく》の「心の財《たから》」を積《つ》むことにほかなりません。

御書に仰《おお》せです。

「蔵《くら》の財《たから》よりも身《み》の財すぐれたり身の財より心の財第一なり」（一一七三ページ）

広宣流布の信心によって、この「心の財《たから》」を生命に積《つ》んだ人こそが、真実の「富《と》める者《もの》」であり、最《もっと》も「幸福な人」なのです。

戸田先生は、戦時中《せんじちゅう》に獄中《ごくちゅう》から家族へ送った手紙に、こう記《しる》されていました。

――今どんなに苦しくても、貧《まず》しくても、私の生きている限《かぎ》り「富《と》める者《もの》」との自信《じしん》を失《うしな》わずにいてください――と。

不惜身命《ふしゃくしんみょう》の戦いを貫《つらぬ》いた先生は、牢獄《ろうごく》にあっても魂《たましい》の王者《おうじゃ》でした。「富《と》める者《もの》」との大確信の上から、自身に連《つら》なる一家眷属《けんぞく》もまた「富める者」なりと叫《さけ》ばれたのです。

この偉大《いだい》な師匠《ししょう》の不二《ふに》の弟子《でし》である私も、嵐《あらし》の中を、広宣流布一筋《ひとすじ》に突《つ》き進《すす》んできました。妙法のため、師匠のため、同志のために捧《ささ》げきった命《いのち》です。大《だい》難《なん》はもとより覚悟《かくご》の上でした。「嵐は誉《ほま》れ」と、一切を乗り越え、尊《とうと》き草創《そうそう》の父母《ちちはは》たちと共に世界広宣流布の道なき道を切り開いてきました。

今度は、わが同志が、わが後継《こうけい》の青年諸君《しょくん》が、われ世界一の幸福者《こうふくもの》なりと、この誉《ほま》れの大道《だいどう》を勝ち進んでいただきたいのです。

御文

御義口伝《おんぎくでん》、御書七六一ページ十四行目～十七行目

喜《き》とは自他共《じたとも》に喜《よろこ》ぶ事《こと》なり（中略）然《しか》るに自他共に智慧《ちえ》と慈《じ》悲《ひ》と有《あ》るを喜とは云《い》うなり所詮今《しょせんいま》日蓮等の類《たぐ》い南無妙法蓮華経と唱《とな》え奉《たてまつ》る時必《かなら》ず無作三身《むささんじん》の仏《ほとけ》に成《な》るを喜とは云うなり

現代語訳

（随喜《ずいき》の）「喜《き》」とは、自他共《じたとも》に喜《よろこ》ぶことである。（中略）すなわち、自他共《じたとも》に智慧《ちえ》と慈悲《じひ》があることを「喜《き》」というのである。所詮《しょせん》、今末法《まっぽう》において日蓮大聖人とその門下《もんか》が、南無妙法蓮華経と唱《とな》えたてまつる時、必ず無作三身《むささんじん》の仏《ほとけ》と成《な》ることを「喜」というの

である。

「自他共《じたとも》に喜《よろこ》ぶ事《こと》なり」

法華経に説《と》かれる「随喜《ずいき》」について「御義口伝《おんぎくでん》」〈注9〉には仰《おお》せです。

「喜《き》とは自他共《じたとも》に喜《よろこ》ぶ事《こと》なり」と。自分も、他者《たしゃ》も共に喜ぶ。そこに真《しん》の歓《かん》喜《き》が、幸福があると言われるのです。

幸福とは、各人《かくじん》が自《みずか》らつかむものであり、自身の生命で感得《かんとく》するものです。しかし同時に、自分一人だけの幸福もありえません。自分さえ幸《しあわ》せなら後《あと》は関係ない——それでは、利己主義《りこしゅぎ》です。だからといって〝自分はいいから、他の人が幸せに〟というのも、仏法の理想《りそう》とは異《こと》なります。そうではなく、〝自分も人も一緒に！〟〝自他共《じたとも》の幸福を目指《めざ》す〟というのが、本当の幸福でしょう。

フランスの思想家《しそうか》ルソー〈注10〉も、喜《よろこ》びの本質《ほんしつ》は「自他共《じたとも》に」という、広々《ひろびろ》とした精神《せいしん》にあることを見いだした一人です。

彼は「楽しみをひとり占《じ》めにするのをやめるがいい」と主張《しゅちょう》しました。「楽しみは、人々が一緒に楽しめるようにすればするほど、いつでもいっそう純粋《じゅんすい》に楽しめることになる」というのです（『エミール』今野一雄訳、岩波書店）。

幸福もまた、「自他共《じたとも》に」です。

うれしいことがあると、私たちは、この喜《よろこ》びを誰《だれ》かと共有《きょうゆう》したいと願《ねが》います。家族、友人、同志、そして師弟《してい》――苦楽《くらく》を分《わ》かち合《あ》う関係の中で、幸福はより大きくなるのです。

全《すべ》ての人の幸せを願《ねが》う

大聖人は「汝須《なんじすべか》らく一身《いっしん》の安堵《あんど》を思《おも》わば先《ま》ず四表《しひょう》の静謐《せいひつ》を禱《いの》らん者《もの》か」（御書三一ジペー）と、立正安国《りっしょうあんこく》の祈りの根本精神《こんぽんせいしん》を叫《さけ》ばれました。

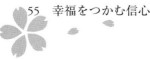

牧口先生は戦時中《せんじちゅう》、滅私奉公《めっしほうこう》の自己犠牲《じこぎせい》を退《しりぞ》け、「自己を空《くう》にせよということ

とは嘘《うそ》である。自分もみんなも共に幸福になろうというのが本当である」と断《だん》言《げん》されました。

戸田先生は「自分が幸福になるぐらいは、なんでもない。かんたんなことです。他人《ひと》まで幸福《こうふく》にしていこうというのが信心の根底《こんてい》です」と強く訴《うった》えられました。

幸福は、誰《だれ》かから奪《うば》い取《と》ったり、誰かを踏《ふ》み台《だい》にして得るものではありません。どこまでも「自他共《じたとも》に」です。ゆえに私たちは「他人《たにん》の不幸《ふこう》の上に自分の幸福を築《きず》かない」という生き方を目指《めざ》してきました。

次に、「自他共《じたとも》に智慧《ちえ》と慈悲《じひ》と有《あ》るを喜《き》とは云《い》うなり」——「智慧と慈悲」とは、仏《ほとけ》の境涯《きょうがい》そのものです。どんな困難《こんなん》に直面《ちょくめん》しても、決《けっ》して負《ま》けずに、全《すべ》てを乗り越える智慧、人々を救《すく》う慈悲の精神《せいしん》が湧《わ》いてくるのです。

さらに、「今日《いま》蓮等の類《たぐ》い南無妙法蓮華経と唱《とな》え奉《たてまつ》る時必《かなら》ず無作三身《むささんじん》の仏《ほとけ》と成《な》るを喜《き》とは云《い》うなり」と仰《おお》せです。

三身《さんじん》とは、法報応《ほっぽうおう》の三身〈注11〉です。自他共《じたとも》に本来《ほんらい》、尊極《そんごく》の仏《ほとけ》であり、妙法の当体《とうたい》である――これが法身《ほっしん》です。その深き自覚《じかく》に立って、自他共の幸福を創《つく》りゆく智慧《ちえ》――これが報身《ほうしん》です。そして、自他共の幸福のための具体的《ぐたいてき》な慈悲《じひ》の振《ふ》る舞《ま》い――これが応身《おうじん》です。妙法を唱《とな》えゆく時、私たち凡夫《ぼんぷ》の身《み》がそのまま偉大《いだい》な三身具足《ぐそく》の仏となると明《あ》かされているのです。

自身の生命を開く歓喜《かんき》

「御義口伝《おんぎくでん》」の別《べつ》の箇所《かしょ》には、「我心本来《わがこころほんらい》の仏《ほとけ》なりと知るを即《すなわ》ち大歓喜《だいかんぎ》と名《なづ》く所謂《いわゆる》南無妙法蓮華経は歓喜の中の大歓喜なり」（御書七八八ジペー）と示されています。

しかも、我《わ》が心が本来《ほんらい》、仏《ほとけ》であると自覚《じかく》することは、自分だけでなく他の人々もまた仏だという覚知《かくち》をともないます。「自他共《じたとも》に」仏なり、です。そこに絶大《ぜつだい》な喜《よろこ》びが込《こ》み上《あ》げてくることは必然《ひつぜん》でしょう。「自他共に喜《よろこ》ぶ」境涯《きょうがい》を開いていくところに、三世永遠《さんぜえいえん》の無上《むじょう》の幸福が輝《かがや》いていくのです。

わが生命を、そのまま「無作三身《むささんじん》の仏《ほとけ》」と開きゆく以上の喜《よろこ》びも、幸福もありません。それこそ成仏《じょうぶつ》であり、自由自在《じゆうじざい》に妙法の功徳《くどく》を自《みずか》らが受けきっていける「自受法楽《じじゅほうらく》」の境涯《きょうがい》であり、絶対的幸福境涯なのです。

幸福と勝利の波動《はどう》を世界に

二十一世紀をどのような時代にしていくべきか。私の問《と》いにアメリカのガルブレイス博士〈注12〉は即答《そくとう》されました。

「〝人々が『この世界で生きていくのが楽しい』と言える時代〟です。そして、〝『今よりもっと、よりよい生活ができるのだ、幸《しあわ》せになれるのだ』という確信を皆が分《わ》かち合《あ》って、『殺《さつ》』ということがなくなる時代〟です」と。

激動《げきどう》の二十世紀を生きた大経済学者《だいけいざいがくしゃ》の慧眼《けいがん》は鋭《するど》く未来を見つめていました。

それは「この世《よ》から〝悲惨《ひさん》〟の二字をなくしたい」との、恩師《おんし》・戸田先生の悲願《ひがん》にも通《つう》じていく言葉だと私は感じとりました。

創価学会は、「価値創造《かちそうぞう》の団体《だんたい》」です。

美《び》・利《り》・善《ぜん》の価値《かち》の創造《そうぞう》は、「自他共《じたとも》の幸福」の内実《ないじつ》です。私たちは、一人一人の信心の勝鬨《かちどき》の発露《はつろ》として、この幸《さち》の花を豊《ゆた》かに多彩《たさい》に咲《さ》かせながら、地域に、社会に、そして全世界に、幸福と勝利と平和の歓喜《かんき》の花園《はなぞの》を広げていくのです。

大聖人は、「随喜《ずいき》する声《こえ》を聞いて随喜し」（御書一一九九ページ）と仰《おお》せになりました。

今、「幸福をつかむ信心」の歓喜《かんき》の波動《はどう》が、国境《こっきょう》を越え、民族《みんぞく》や言語《げんご》などの差異《さい》を越えて、グローバルに拡大《かくだい》しゆく世界広布新時代を迎《むか》えました。

それは、全人類《ぜんじんるい》が共に幸福をつかむ、民衆凱歌《がいか》の世紀を開く挑戦《ちょうせん》です。

幸福とは、日々の着実《ちゃくじつ》な積《つ》み重《かさ》ねです。

そして、私たちが幸福を目指《めざ》す人生の根幹《こんかん》には、日々の最高の「祈り」があります。

私は今日も真剣《しんけん》に祈り抜き、そして、いつまでも祈り続けます。

大切な皆様が健康・長寿《ちょうじゅ》であるように！

所願満足《しょがんまんぞく》で、現世安穏《げんぜあんのん》であるように！

使命を成就《じょうじゅ》し、後生善処《ごしょうぜんしょ》であるように！

一人も残《のこ》らず、幸福であるように！

大勝利の人生を勝ち飾《かざ》れるように！

〔注　解〕

〈注1〉【常楽我浄《じょうらくがじょう》】仏《ほとけ》の生命に具《そな》わる徳目《とくもく》で、四徳波羅蜜《しとくはらみつ》ともいう。「常《じょう》」とは、仏が完全な永《えい》遠性《えんせい》を実現していること。「楽《らく》」とは、完全な安楽《あんらく》。「我《が》」とは、完全な主体性《しゅたいせい》。「浄《じょう》」とは、完全な清《きよ》らかさをいう。

〈注2〉【衆生所遊楽《しゅじょうしょゆうらく》】法華経如来寿量品《にょらいじゅりょうほん》第十六の文（法華経四九一ページ）。この娑婆《しゃば》世界は常寂光《じょうじゃっこう》土《ど》であり、妙法を持《たも》つ衆生の最高の遊楽の場所であることが示されている。

〈注3〉【四条金吾殿御返事《しじょうきんごどのごへんじ》】建治《けんじ》二年（一二七六年）六月、厳しい迫害《はくがい》を受けていた四条金吾に与《あた》えられたお手紙。「衆生所遊楽御書《しゅじょうしょゆうらくごしょ》」ともいう。

〈注4〉四条金吾《しじょうきんご》は、文永《ぶんえい》十一年（一二七四年）、大聖人が身延《みのぶ》に入山された後《のち》、主君《しゅくん》の江間氏《えまし》を折伏《しゃくぶく》するが、かえって主君の不興《ふきょう》を買《か》い、反感《はんかん》を抱《いだ》いていた同僚《どうりょう》らの讒言《ざんげん》も加《くわ》わり、「大難《だいなん》雨の如《ごと》く来《きた》り候《そうろう》」（御書一一三六ページ）とまで言われるほど逆境《ぎゃっきょう》に立たされていた。

〈注5〉【現世安穏《げんぜあんのん》・後生善処《ごしょうぜんしょ》】法華経薬草喩品《やくそうゆほん》第五の文（法華経二四四ページ）。法華経を信受《しんじゅ》する者《もの》は、現世では安穏な境涯《きょうがい》となり、未来世《みらいせ》においては必ず善処に生まれる、との意《い》。

〈注6〉【自受法楽《じじゅほうらく》】「自《みずか》ら法楽を受《う》く」と読む。自ら妙法の功徳《くどく》である真《しん》の安楽《あんらく》を受けること。

〈注7〉**【四菩薩造立抄《しぼさつぞうりゅうしょう》】** 弘安《こうあん》二年（一二七九年）五月、下総国葛飾郡若宮《しもうさのくにかつしかぐんわかみや》（千葉県市川市若宮）の富木常忍《ときじょうにん》に与《あた》えられたとされる御書。

〈注8〉他の御書にも、「経文《きょうもん》に我《わ》が身・普合《ふごう》せり御勘気《ごかんき》をかほ《蒙》れば・いよいよ悦《よろこ》びをますべし」（二〇三㌻）、「幸《さいわ》いなるかな我が身『数数見擯出《さくさくけんひんずい》』の文《もん》に当《あた》ること悦《よろこ》ばしいかな悦ばしいかな」（九六二㌻）、「流人《るにん》なれども喜悦《きえつ》はかりなし」（一三六〇㌻）等々と仰《おお》せである。

〈注9〉**【御義口伝《おんぎくでん》】** 日蓮大聖人が、身延《みのぶ》で法華経の要文《ようもん》を講義《こうぎ》され、それを日興上人《にっこうしょうにん》が筆録《ひつろく》したと伝《つた》えられている。上下二巻からなる。

〈注10〉**【ルソー】** ジャン＝ジャック・ルソー。一七一二年〜七八年。フランスの思想家《しそうか》、文学《ぶんがく》者《しゃ》。『人間不平等起源論』『エミール』『社会契約論』や、小説『新エロイーズ』を著《あらわ》す。自《し》然《ぜん》のままの自由《じゆう》な人間を理想《りそう》とする教育や社会の在《あ》り方《かた》を論《ろん》じ、フランス革命に大きな影《えい》響《きょう》を与《あた》えた。

〈注11〉**【法報応《ほっぽうおう》の三身《さんじん》】** 仏《ほとけ》の三種《しゅ》の身のこと。法身《ほっしん》、報身《ほうしん》、応身《おうじん》の三身を言う。法身とは、仏が覚《さと》った真実・真理《しんり》のこと。報身とは、最高の覚りの智慧《ちえ》をはじめ、仏と成《な》った報《むく》いとして得た種々《しゅじゅ》の優《すぐ》れた特性《とくせい》。応身とは、人々を苦悩《くのう》から救《すく》うために、それぞれに応じて現実に表した姿《すがた》で、慈悲《じひ》の側面《そくめん》をいう。

〈注12〉**【ガルブレイス】** ジョン・ケネス・ガルブレイス。一九〇八年〜二〇〇六年。カナダ出身《しゅっしん》の経済学者《けいざいがくしゃ》。ハーバード大学教授、インド大使を歴任《れきにん》。『ゆたかな社会』『不確実性の時代』等の著書《ちょしょ》がある。著者とは一九七八年十月以来、数度《すうど》にわたって会談《かいだん》し、対談集《たいだんしゅう》『人間主義の大世紀を』（潮出版社）を発刊《はっかん》。文中の引用も同書から。

難《なん》を乗り越える信心

師子《しし》の心で挑《いど》みゆけ

ルネサンスの巨人《きょじん》レオナルド・ダ・ヴィンチ〈注1〉は、人間が空を飛《と》ぶことを夢見ていました。それは、精神《せいしん》の大いなる飛翔《ひしょう》の願《ねが》いでもあったといえるでしょう。

いかなる逆境《ぎゃっきょう》の風が吹《ふ》こうが、それを上昇《じょうしょう》の力《ちから》に変えゆく人間の強靱《きょうじん》さを、彼は信じていたのです。

人間は元来《がんらい》、偉大《いだい》な存在です。逆風《ぎゃくふう》を発条《ばね》に飛翔《ひしょう》する精神《せいしん》の力《ちから》を本然的《ほんねんてき》に持っているからです。

東日本大震災《だいしんさい》から五年――。その復興《ふっこう》の一つの象徴《しょうちょう》として、宮城県仙台市で、「レオナルド・ダ・ヴィンチと『アンギアーリの戦い』」展《てん》が開催《かいさい》されまし

た（二〇一六年三月十九日～五月二十九日）。

これは、日本とイタリアの国交樹立《こっこうじゅりつ》百五十周年を記念する事業《じぎょう》でもありました。歴史上《れきしじょう》、イタリアとの深い交流《こうりゅう》の縁《えにし》がある東北での展覧会《てんらんかい》に、復興《ふっこう》の希望の光《ひかり》として多くの人が訪《おとず》れました。

石から生まれたもの

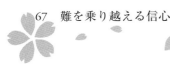

このダ・ヴィンチが書き残《のこ》した有名な童話《どうわ》に、火打《ひう》ち石の話があります。

「火うち石に、いきなり　あたまを　たたかれて、石は、かんかんに　おこって　しまいました。

けれど、火うち石は、にっこり　わらって　いいました。

『がまん、がまん。がまんが　大《たい》せつ。

これが　がまん　できたら、
わたしは、あなたの　からだから、

すばらしい　ものを
ひき出して　あげますよ。』
そう　いわれて、石は　きげんを　なおし、たたかれるのを　じっと　がまんしていました。
すると、からだから　きれいな　火が、ぱっと　うまれたのです」（ブルーノ・ナルディーニ編『レオナルド・ダ・ビンチの童話』裾分一弘監修、西村暢夫・渡辺和雄共訳、小学館）
その火が、見事《みごと》な力《ちから》を発揮《はっき》して、世の中の役《やく》に立っていったことは間違《まちが》いありません。実に、示唆的《しさてき》な話です。
人間は、思わぬ事に直面《ちょくめん》した時、どう対応《たいおう》するかが大事となる。まさに挑戦《ちょうせん》と応戦《おうせん》です。
信心の実践《じっせん》から言えば、難《なん》や試練《しれん》に遭《あ》った時に、信力《しんりき》、行力《ぎょうりき》を奮《ふる》い起《お》こして、仏力《ぶつりき》、法力《ほうりき》を引き出す。

その応戦《おうせん》で積《つ》んだ「心の財《たから》」は大きい。崩《くず》れない。そして、多くの人を幸《しあわ》せにする力《ちから》となります。

〝大切な仏子《ぶっし》を一人ももれなく幸福に〟との恩師《おんし》・戸田城聖《じょうせい》先生の切《せつ》なる願《ねが》いが込《こ》められた指針《ししん》が、「難《なん》を乗り越える信心」です。

ここでは、この信心の極意《ごくい》を学びます。

御文

御義口伝《おんぎくでん》、御書七五〇ジペー三行目〜四行目

御義口伝《おんぎくでん》に云《いわ》く妙法蓮華経を安楽《あんらく》に行《ぎょう》ぜむ事末法《ことまっぽう》に於《おい》て今《いま》日蓮等の類《たぐ》いの修行《しゅぎょう》は妙法蓮華経を修行するに難来《なんきた》るを以《もっ》て安楽と意得《こころう》可《べ》きなり

現代語訳

御義口伝《おんぎくでん》に仰《おお》せである。妙法蓮華経を安楽《あんらく》に修行《しゅぎょう》するとは、末法《まっぽう》においては、いま日蓮と門下《もんか》が妙法蓮華経を修行するのに、難《なん》が起こってくることを「安楽」であると心得《こころえ》るべきである。

勇《いさ》んで難《なん》に挑《いど》む人生を！

難《なん》に遭遇《そうぐう》した時こそ、その人が築《きず》き上《あ》げてきた生き方の真価《しんか》が最《もっと》も鮮明《せんめい》に現れます。

不運《ふうん》とあきらめるのか、時が解決《かいけつ》するのをじっと耐《た》え忍《しの》ぶのか、自分の人生を嘆《なげ》くのか、はたまた、他人《たにん》や環境《かんきょう》のせいにして恨《うら》むのか。

ダンテ〈注2〉は、『神曲《しんきょく》』に綴《つづ》りました。

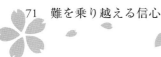

「君《きみ》ら生きている人々はなにかというとすぐ原因《わけ》を天《てん》のせいにする、まるで天球《てんきゅう》が萬事《ばんじ》を／必然性《ひつぜんせい》により動かしているかのような口吻《こうふん》だ」「善悪《ぜんあく》を知る光《ひかり》や自由意志《じゆういし》が君《きみ》らには与《あた》えられている。／そしてこの意志は初期《しょき》の戦いでは／天球《てんきゅう》の影響《えいきょう》を受けて苦闘《くとう》するが、もし意志の力《ちから》が／十分《じゅうぶん》に養《よう》成《せい》されているならば、すべてに克《か》てるはずだ」（平川祐弘訳、河出書房新社）と。

「難《なん》を乗り越える」――これが洋《よう》の東西《とうざい》を問《と》わず、先哲《せんてつ》の道です。喜《よろこ》び勇《いさ》んで挑《いど》んでいくのが、創価の賢者《けんじゃ》の人生です。「嵐《あらし》は誉《ほま》れ」です。その勝利の鍵《かぎ》となるのが、難と真正面《ましょうめん》から向き合う、師子王《ししおう》の如《ごと》き信心なのです。

真《しん》の安楽《あんらく》とは

ここで拝《はい》する「御義口伝《おんぎくでん》」は、安楽行品《あんらくぎょうほん》についての一節です。
真《しん》の安楽《あんらく》とは、苦難《くなん》と戦う中にこそあるという「難即《そく》安楽」の法理《ほうり》を示されています。

「難《なん》」には、まず、正しい信仰《しんこう》ゆえに、三類《さんるい》の強敵《ごうてき》〈注3〉から迫害《はくがい》を受けるという法難《ほうなん》の次元《じげん》があります。また、自身の仏《ほとけ》の境涯《きょうがい》を開くために、人生に生《しょう》ずる困難《こんなん》や宿命《しゅくめい》とあえて戦うという次元があります。いずれにしても、信仰を破壊《はかい》する三障四魔《さんしょうしま》〈注4〉に打ち勝ってこそ、一生成仏《いっしょうじょうぶつ》も広宣流布も、成就《じょうじゅ》するのです。

では、「安楽《あんらく》」とは、どのようなことを言うのでしょうか。

天台大師《てんだいだいし》は、「安楽《あんらく》」の字義《じぎ》について、「安《あん》」とは「不動《ふどう》」、「楽《らく》」とは「心に憂悩無《うのうな》き」ことであると示しています。

つまり、「安《あん》」とは、何があっても揺《ゆ》るがない信心であり、「楽《らく》」とは、何があっても憂《うれ》いなく生き抜いていける信心です。

戸田先生は、「試練《しれん》の山を一つ切り抜けるたびに、成仏《じょうぶつ》という、崩《くず》すことのできない境涯《きょうがい》となっていくのである」と、一つ一つ、乗り越えていくことの大切さを教えられました。

「一つ一つ」です。信心が深まるのを待って、それから難《なん》に向かうのではありません。難に向かっていく中で生命が磨《みが》かれ、金剛《こんごう》の信心が鍛《きた》え上《あ》げられるのです。「剣《つるぎ》なんどは大火《たいか》に入《い》るれども暫《しば》くはとけず是《これ》きたへる故《ゆえ》なり」（御書一一六九ジペー）と仰《おお》せの通りです。

ゆえに、どんな悩《なや》みも、そのまま御本尊に祈っていけばいい。悩みを祈りに変えて、題目を唱《とな》えれば、わが生命に、勇気がみなぎり、希望が輝《かがや》き始めるではありませんか。

「難《なん》を乗り越える信心」とは、「難を乗り越える祈り」であり、「難を乗り越える唱題」の異名《いみょう》です。

どこまでも「積極的人生《せっきょくてきじんせい》」を

私たちは、いかなる障魔《しょうま》が競《きそ》い起ころうとも、強き信心で、御本尊に祈ることができます。そして、共に励《はげ》ましあえる同志がいます。

したがって、学会とともに歩《あゆ》む人生、それ自体《じたい》が、最高の「難即安楽《なんそくあんらく》」の人生を歩んでいることになるのです。

いたずらに難《なん》を恐《おそ》れて、〝ほどほどに〟小さく固《かた》まって生きる――そうした臆病《おくびょう》な姿勢《しせい》では、「歓喜《かんき》の中の大歓喜」は得られません。日蓮大聖人の仏法は、消極的《しょうきょくてき》人生とは対極《たいきょく》にあるといってよい。

「大難来《だいなんきた》りなば強盛《ごうじょう》の信心弥弥悦《しんじんいよいよよろこ》びをなすべし」（御書一四四八ジペー）、「賢者《けんじゃ》はよろこび」（御書一〇九一ジペー）です。

「さあ何でもこい！」「難《なん》があるからこそ、人生を大きく楽しめるんだ。多くの人を救《すく》えるんだ」という、究極《きゅうきょく》の積極的《せっきょくてき》人生にこそ、真実の安楽《あんらく》があると教えられているのです。

御文

三沢抄《みさわしょう》、御書一四八七㌻十五行目〜一四八八㌻三行目

各各《おのおの》ののう《能》のう《能》に随《したが》つて・かの行者《ぎょうじゃ》をなやま《悩》してみよ・それに・かなわずば・かれが弟子《でし》だんな並《ならび》に国土《こくど》の人の心の内《うち》に入《い》りかわりて・あるひはいさめ《諌》或《あるい》はをどし《威》てみよ・それに叶《かな》はずば我《われ》みづから・うちくだりて国主《こくしゅ》の身心《しんしん》に入りかわりて・をどして見むに・いかでか・とどめ《止》ざるべきとせんぎ《僉議》し候《そうろう》なり

現代語訳

（第六天《だいろくてん》の魔王《まおう》が、欲界《よっかい》・色界《しきかい》・無色界《むしきかい》の三界《さんがい》の一切の眷属《けんぞく》を招集《しょうしゅう》し、命令《めいれい》して）「各各《おのおの》の能力《のうりょく》にしたがって、彼《か》の法華経の行者《ぎょうじゃ》を悩《なや》ましてみよ。それで駄目《だめ》だったなら、彼《かれ》の弟子《でし》檀那《だんな》および国土《こくど》の人々の心の中に入《い》り代《か》わって、あるいは諫《いさ》め、あるいは脅《おど》してみよ」と言い、「それでも駄目《だめ》だったなら、私が自《みずか》ら降《お》りていって国主《こくしゅ》の心身《しんしん》に入り代わって脅《おど》してみれば、どうして止《と》められないことがあるだろうか」と評議《ひょうぎ》するのである。

難《なん》に対《たい》する姿勢《しせい》の大転換《だいてんかん》

難《なん》の正体《しょうたい》を明快《めいかい》に喝破《かっぱ》された「三沢抄《みさわしょう》」〈注5〉の一節を拝《はい》します。

正しい仏法を実践《じっせん》しているからこそ、修行《しゅぎょう》を阻《はば》もうとする障魔《しょうま》が、紛然《ふんぜん》と競《きそ》い起《お》こるということです。

本抄では、三障四魔《さんしょうしま》の中でも天子魔《てんしま》、つまり第六天《だいろくてん》の魔王《まおう》〈注6〉を、最《もっと》も恐《おそ》れるべきものとして示されています。

この御文《ごもん》の直前《ちょくぜん》では、凡夫《ぼんぷ》が正しい仏法の理解《りかい》を深め、実践《じっせん》に励《はげ》んで、いよいよ仏《ほとけ》になろうとする状態《じょうたい》になった時、第六天《だいろくてん》の魔王《まおう》が驚《おどろ》いて語る言葉が記《しる》されています。

「ああ、とんでもないことだ。この者《もの》がこの国にいるなら、彼自身が生死《しょうじ》の苦悩《くのう》の世界から離《はな》れ出ることはさておいて、その一方《いっぽう》で人をもその境地《きょうち》へ導《みちび》くだろう。さらにはこの国土《こくど》を奪《うば》い取《と》って、わが領土《りょうど》を浄土《じょうど》としてしまう。どうしたらよいだろう」――。

第六天《だいろくてん》の魔王《まおう》は、人間が成長を遂《と》げて、「他《た》の人にも仏《ほとけ》の境涯《きょうがい》を得る道を開くこと」「仏国土《ぶっこくど》を築《きず》くこと」を恐《おそ》れるのです。

言《い》い換《か》えれば、法華経による成仏《じょうぶつ》とは、一人だけの成仏で終わらない、ということです。また、涅槃《ねはん》などの静穏《せいおん》な境地《きょうち》を求《もと》めるのではなく、この娑婆《しゃば》世界

〈注7〉で戦い続けることが真《しん》の成仏の姿《すがた》です。したがって、第六天《だいろくてん》の魔王《まおう》は、民衆が正法《しょうほう》に目覚《めざ》めて立ち上がることを阻《はば》もうとするのです。

法華経の行者《ぎょうじゃ》にとって、勝利とは、自分だけにとどまりません。悩《なや》める友、さらには、未来の友の勝利の大道《だいどう》を限《かぎ》りなく切り開いていく、尊《とうと》き挑戦《ちょうせん》なのです。

戸田先生は、「大聖人の仏法は、逆境《ぎゃっきょう》にある人が、幸《しあわ》せになる宗教なのだ。苦難《くなん》にあった人ほど、それを乗り越えた時、すごい力《ちから》が出るのだ。その人こそが、本当に不幸《ふこう》な人々の味方《みかた》になれるのだよ」と語られました。

地涌《じゆ》の使命を自覚《じかく》すれば、偉大《いだい》な力《ちから》が出る。難《なん》は、民衆を救《すく》うために、自《みずか》ら願《ねが》って受けた難となる。そして、それを乗り越えることで、人々を救うという願いを果《は》たすことができる。使命を果たすために難はあるのです。

「なぜ自分が」という嘆《なげ》きから、「だからこそ自分が」という誇《ほこ》りへ、難《なん》に対する姿勢《しせい》の大転換《だいてんかん》を教えられているのです。

魔《ま》の軍勢《ぐんぜい》に信心を破《やぶ》られるな

多くの人の成仏《じょうぶつ》の道を開く大闘争《だいとうそう》だからこそ、想像《そうぞう》もしない難《なん》が押《お》し寄《よ》せてくるのです。

第六天《だいろくてん》の魔王《まおう》の命令《めいれい》を受けた一切の障魔《しょうま》が、それぞれの能力《のうりょく》にしたがって法華経の行者《ぎょうじゃ》を悩《なや》ましますます。それが十軍《じゅうぐん》〈注8〉の働《はたら》きです。その人自身の心を破《やぶ》ろうとします。

それでも駄目《だめ》なら、いろんな人の身に入って、つまり、最も身近《みぢか》な父母《ちちはは》、きょうだいをはじめ、ついには社会的に地位のある人など、強く影響力《えいきょうりょく》を持つ人まで使って、諌《いさ》めたり、脅《おど》したりして、退転《たいてん》させようとします。

最後には、第六天《だいろくてん》の魔王《まおう》が自《みずか》ら、権力者《けんりょくしゃ》の身に入り代《い》《か》わるなどして、信心を破壊《はかい》させようとする。本来《ほんらい》あり得ないと思われる転倒《てんとう》した事態《じたい》や意表《いひょう》を突《つ》く状《じょう》況《きょう》を生《しょう》じさせ、信心を攪乱《かくらん》し、団結を崩壊《ほうかい》させる。そこに第六天《だいろくてん》の魔王《まおう》の狙《ねら》いがあるのです。
しかし、第六天《だいろくてん》の魔王《まおう》といっても、その本質《ほんしつ》は、生命に潜《ひそ》む元品《がんぽん》の無明《むみょう》〈注9〉が、魔《ま》の働《はたら》きとなって現れてきたものです。

自身の境涯《きょうがい》を広げようとするから、止《と》めようとする力《ちから》が働《はたら》く。船《ふね》が進めば波《なみ》が起こり、走れば風圧《ふうあつ》が生《しょう》ずるように、人間革命の道を進みゆく人々に、信心への不信《ふしん》、疑念《ぎねん》を抱《いだ》かせようとするのが、魔《ま》の本質《ほんしつ》なのです。

決《けっ》して、自分の信心が弱いから、また、自分の信心の姿勢《しせい》が悪《わる》いから難《なん》が起こってくるわけではないのです。

大聖人は、「退転《たいてん》せじと願《がん》じぬ」（御書二〇〇ジ）、「ちかいし願《ねがい》やぶるべからず」（御書二三二ジ）と宣言《せんげん》され、大難《だいなん》を勝ち越えて末法万年《まっぽうまんねん》にわたる万人成仏《ばんにんじょうぶつ》の道を開いてくださいました。広宣流布に進むゆえの大難です。したがって、大聖人門下《もんか》は、いかなる障魔《しょうま》が競《きそ》い起ころうとも、不退《ふたい》の信心で広布の誓願《せいがん》に徹《てっ》することが大事なのです。

法華経の眼《まなこ》から見れば、難《なん》と戦う私たちは、正義《せいぎ》の逆転劇《ぎゃくてんげき》を演《えん》じています。「何があっても楽しく生き抜く」という大歓喜《だいかんき》の劇を演じています。その痛快《つうかい》なる勝利劇で、広宣流布を遂行《すいこう》していく使命を担《にな》っているのです。

広宣流布は、「第六天《だいろくてん》の魔王《まおう》」の支配《しはい》から、この世界を取《と》り戻《もど》し、「仏国土《ぶっこくど》」として輝《かがや》かせていく建設にほかなりません。熾烈《しれつ》な真剣勝負《しょうぶ》です。自他共《じたとも》の幸福を願《ねが》う「仏《ほとけ》」の軍勢《ぐんぜい》と、それを妨《さまた》げようとする「魔」の勢力《せいりょく》との大闘争《だいとうそう》なのです。

私たちは、この人間を苦しめる魔性《ましょう》を打《う》ち破《やぶ》るドラマの主人公《しゅじんこう》であり、未来《みらい》永劫《えいごう》の世界広布の道を開く、先駆者《せんくしゃ》です。

御文

佐渡御勘気抄《さどごかんきしょう》、御書八九一㌻一二行目～四行目

仏《ほとけ》になる道は必《かなら》ず身命《しんみょう》をすつるほどの事《こと》ありてこそ仏にはなり候《そうろう》らめと・をしはかる、既《すで》に経文《きょうもん》のごとく悪口《あっく》・罵《め》詈《り》・刀杖《とうじょう》・瓦礫《がりゃく》・数数見擯出《さくさくけんひんずい》と説《と》かれてかかるめに値《あ》い候こそ法華経をよむにて候らめと、いよいよ信心《しんじん》もおこり後生《ごしょう》もたのもしく候

現代語訳

仏《ほとけ》になる道は、必ず命《いのち》を捨《す》てるほどのことがあってこそ仏になるの

だろう、と思われる。はっきりと法華経の経文《きょうもん》に「この経《きょう》を弘《ひろ》める者《もの》は悪口《あっこう》され、ののしられ、刀《かたな》で斬《き》られ、杖《つえ》で打たれ、瓦礫《がれき》を投《な》げつけられ、たびたび居所《いどころ》を追《お》われる」と説《と》かれている通り、このような目にあうことこそ法華経を身に読むことなのだろうと、いよいよ信心も起こり、後生《ごしょう》のこともたのもしく思うのである。

「諸難《しょなん》ありとも疑《うたが》う心なくば」

この「佐渡御勘気抄《さどごかんきしょう》」〈注10〉は、佐渡に向かわれる直前《ちょくぜん》に著《あらわ》された一書です。門下《もんか》の不信《ふしん》や不安《ふあん》が渦巻《うずま》いている時でもありました。

そうした中で大聖人は、厳然《げんぜん》と「仏《ほとけ》になる道は必ず身命《しんみょう》をすつるほどの事《こと》ありてこそ仏にはなり候《そうろう》らめ」と仰《おお》せです。

大難《だいなん》の中でこそ、仏《ほとけ》の生命を現していくことができる。小さな自分の殻《から》を打《う》ち破《やぶ》り、内《うち》なる妙法と一体《いったい》の大我《たいが》の生命となるのです。ゆえに題目を唱《とな》え抜き、「師子王《ししおう》の心」を取《と》り出《いだ》して、難《なん》と格闘《かくとう》することです。

人間は、運命《うんめい》を嘆《なげ》き、宿命《しゅくめい》に翻弄《ほんろう》され、苦しむだけの存在ではない。難《なん》を乗り越えて、自他共《じたとも》の幸福を勝ち開く。その力《ちから》を無限《むげん》に解《と》き放《はな》つための哲理《てつり》が妙法です。そのための信心です。この境涯《きょうがい》革命、人間革命を成《な》し遂《と》げるには、不《ふ》惜身命《しゃくしんみょう》の実践《じっせん》が欠《か》かせないのです。その要諦《ようてい》は不退《ふたい》の信心にあります。

佐渡流罪中《さどるざいちゅう》に認《したた》められた「開目抄《かいもくしょう》」にも「我並《われなら》びに我《わ》が弟子《でし》・諸難《しょなん》ありとも疑《うたが》う心なくば自然《じねん》に仏界《ぶっかい》にいたるべし」（御書二三四ジペー）と仰《おお》せです。

いかなる難《なん》に直面《ちょくめん》しても、疑《うたが》いを起こさず、敢然《かんぜん》と信心を貫《つらぬ》き通していけば、必ず仏界《ぶっかい》の生命を涌現《ゆげん》できる。

大事なことは、「まことの時」に、師《し》の言葉を忘《わす》れず、ひとたび決めた師弟《してい》の道を、同志と共に、断固《だんこ》と進み抜いていく信心です。

経文通《きょうもんどお》りの実践者《じっせんしゃ》の誉《ほま》れ

本抄に「法華経をよむにて候《そうろう》らめ」と仰《おお》せの通り、佐渡流罪《さどるざい》などの諸難《しょなん》は、大聖人が法華経の行者《ぎょうじゃ》の証《あかし》であると仰《おお》せです。現実に仏《ほとけ》の未来記《みらいき》である法華経を身読《しんどく》しているのは誰《だれ》なのか。本当に民衆救《きゅう》済《さい》に立ち上がり、戦っているのは誰なのか。大聖人しかいないとの烈々《れつれつ》たる宣《せん》言《げん》です。

続いて「いよいよ信心もおこり後生《ごしょう》もたのもしく候《そうろう》」と綴《つづ》られています。恩師《おんし》は、力強《ちからづよ》く訴《うった》えられました。

「牧口先生が幾《いく》たびとなく弟子《でし》に語った、この言葉を断《だん》じて忘《わす》れてはならない。『悪口罵詈《あっくめり》、猶多怨嫉《ゆたおんしつ》の難《なん》は法華経の実践者《じっせんしゃ》の誉《ほま》れなのである』と」

地域のため、社会のため、世界の平和のために、誰《だれ》が本気になって尽《つ》くしているのか。それは、学会員です。

私たちは、無理解《むりかい》や偏見《へんけん》などから圧迫《あっぱく》を受けたとしても、すべては法華経の行者《ぎょうじゃ》の誉《ほま》れと愉快《ゆかい》に堂々《どうどう》と前進していけばいいのです。

「石に金《こがね》を・かふるにあらずや」（御書八九一ジ《ペー》）です。

苦難《くなん》を越えて、信心を貫《つらぬ》き、広宣流布に生き抜く人は、凡夫《ぼんぷ》の身《み》のままで、胸中《きょうちゅう》に大聖人と同じ最極《さいごく》の生命を涌現《ゆげん》することができる。戦えば戦うほど、自分自身の仏《ほとけ》の力《ちから》が引き出せる。信心は、その秘術《ひじゅつ》です。

生命が輝《かがや》く

さまざま悩《なや》みを抱《かか》えている人もいるでしょう。しかし、戸田先生は、よく「宿命《しゅくめい》と戦っている自分の姿《すがた》を、そのまま見せていけばよい」と、語られていました。

東日本大震災《だいしんさい》の被災地《ひさいち》にも、信心への大確信がびくともしない多宝《たほう》の賢者《けんじゃ》が大勢《おおぜい》、活躍《かつやく》されています。「負《ま》けでたまっか」という不屈《ふくつ》の信心の輝《かが》きが、一家眷属《けんぞく》、周《まわ》りの人々、さらには地域をも照《て》らしてきたのです。

苦難《くなん》によって、自《みずか》らの仏《ほとけ》の生命が顕現《けんげん》されていく。大難《だいなん》を受けるほど、仏界《ぶっかい》の生命が輝《かがや》きわたる。そういう自分を確立《かくりつ》することが、一生成仏《いっしょうじょうぶつ》の道です。

真《しん》の人間性の錬磨《れんま》は、難《なん》を乗り越える信心のなかにある。今、東北の皆さまは、その厳《げん》たる姿《すがた》を日本中、世界中の同志に示してくださっています。

「ウィ・シャル・オーバーカム」の凱歌《がいか》

一九五六年（昭和三十一年）、私が愛する関西で、新《あら》たな民衆運動の大波《おおなみ》を起こしていた頃、太平洋《たいへいよう》の彼方《かなた》、アメリカの地でも、正義《せいぎ》と人道《じんどう》の旗《はた》を掲《かか》げて、無名《むめい》の民衆が陸続《りくぞく》と立ち上がりました。人種差別《じんしゅさべつ》と戦う人権闘争《じんけんとうそう》「バス・ボイコット運動」です。

その戦端《せんたん》を開く勇気の声を上げたのは、後《のち》に私たちが交友《こうゆう》を結《むす》んだアメリカの「人権《じんけん》の母」ローザ・パークスさん〈注11〉です。

やがて自由《じゆう》と平等《びょうどう》の権利《けんり》を求《もと》める公民権《こうみんけん》運動が全米《ぜんべい》に広がる中、皆の勇気を鼓舞《こぶ》した有名な歌が「ウィ・シャル・オーバーカム」です。「オーバーカム」とは、困難《こんなん》や試練《しれん》を乗り越える、打開《だかい》するとの意《い》です。

パークスさんのお母様《かあさま》は「人間は苦しみに甘《あま》んじなければならない――そんな法律《ほうりつ》はないんだよ！」と、愛娘《まなむすめ》に教えたといいます。

その通りです。悩《なや》むために生まれてきたのではありません。悲劇《ひげき》に泣《な》くために、生まれてきたのでもない。「オーバーカム」、すなわち乗り越えるために生まれてきたのです。

いわんや、私たちには偉大《いだい》な妙法がある。そして、人類の幸福のために、一人また一人と、平等大慧《びょうどうだいえ》の仏法を弘《ひろ》めています。世界広布の使命に生きゆく私たちは、御聖訓《ごせいくん》に照《て》らし、いかなる苦難《くなん》にも断《だん》じて負《ま》けるわけがありません。

難《なん》に直面《ちょくめん》しても、信心が破《やぶ》られない人は、仏《ほとけ》の眼《まなこ》で見れば、「難即安楽《なんそくあんらく》」で、もう乗り越えているのです。仏法は勝負《しょうぶ》であるゆえに、信心を貫《つらぬ》けば、必ず現実の一切を勝ち越えていけるのです。

師子《しし》王《おう》の如《ごと》く悠然《ゆうぜん》たる大境涯《だいきょうがい》を

法華経の安楽行品《あんらくぎょうほん》第十四には、「遊行《ゆぎょう》するに畏《おそ》れ無《な》きこと　師子王《ししおう》の如《ごと》く　智慧《ちえ》の光明《こうみょう》は　日《ひ》の照《て》らすが如くならん」（法華経四四七ページ）——妙法を実践《じっせん》する人が、恐《おそ》れなく活躍《かつやく》することは師子王のようであり、その智慧の光明は、太陽のようであろう——と説《と》かれています。

広布の師弟《してい》に生き抜く人は、一人残《のこ》らず師子王《ししおう》です。人生を恐《おそ》れなく楽しみ切っていける。社会を、世界を、希望の智慧《ちえ》で照《て》らしていけるのです。

正しき信仰《しんこう》とは、永遠《えいえん》の「勇気の翼《つばさ》」であり、「幸福の翼」であり、「勝利の翼」です。

苦難《くなん》の烈風《れっぷう》があればあるほど、喜《よろこ》び挑《いど》んで悠々《ゆうゆう》と飛翔《ひしょう》し、境涯《きょうがい》をどこまでも高めていけるのです。

さあ、胸《むね》を張り、頭《こうべ》を上げて、不撓不屈《ふとうふくつ》の誉《ほま》れの「創価の翼《つばさ》」で、常勝《じょうしょう》の空へ晴《は》れ晴《ば》れと舞《ま》いゆこうではありませんか！

難《なん》を乗り越えて、「私は勝った！」「私たちは勝った！」と、見事《みごと》なる凱歌《がいか》の人生を飾《かざ》っていこう！　皆の勝利の報告に、恩師《おんし》がほほ笑《え》んでいます。

［注解］

〈注1〉【レオナルド・ダ・ヴィンチ】一四五二年〜一五一九年。イタリアの画家、彫刻家《ちょうこくか》、建築家、科学者。ルネサンス期のイタリアで多面的《ためんてき》な才能《さいのう》を発揮《はっき》し「万能《ばんのう》の天才《てんさい》」と呼《よ》ばれた。

〈注2〉【ダンテ】ダンテ・アリギエーリ。一二六五年〜一三二一年。イタリアの詩人《しじん》。フィレンツェに生まれ、同市の政界《せいかい》でも活躍《かつやく》。政争《せいそう》によって追放《ついほう》されるが、亡命中《ぼうめいちゅう》に大叙事詩《だいじょじし》『神曲《しんきょく》』を完成し、後世《こうせい》の詩人、画家、作曲家らに大きな影響《えいきょう》を与《あた》えた。

〈注3〉【三類《さんるい》の強敵《ごうてき》】釈尊滅後《しゃくそんめつご》の悪世《あくせ》で法華経を弘通《ぐつう》する人を迫害《はくがい》する三種類の強い敵《てき》。勧持品《かんじほん》に説《と》かれる迫害者《はくがいしゃ》を中国の妙楽大師《みょうらくだいし》が三種に分類《ぶんるい》した。①俗衆増上慢《ぞくしゅぞうじょうまん》（在家《ざいけ》の迫害者《はくがいしゃ》）②道門増上慢《どうもんぞうじょうまん》（出家《しゅっけ》の迫害者）③僭聖増上慢《せんしょうぞうじょうまん》（迫害の元凶《げんきょう》となる高僧《こうそう》）。

〈注4〉【三障四魔《さんしょうしま》】仏道修行《ぶつどうしゅぎょう》を妨《さまた》げる三つの障《さわ》りと四つの魔《ま》のこと。三障とは煩悩障《ぼんのうしょう》・業障《ごうしょう》・報障《ほうしょう》をいい、四魔とは陰魔《おんま》・煩悩魔《ぼんのうま》・死魔《しま》・天子魔《てんしま》をいう。

〈注5〉【三沢抄《みさわしょう》】建治《けんじ》四年（一二七八年）二月、身延《みのぶ》から駿河国《するがのくに》（静岡県中央部）の門下《もんか》である三沢殿に対して与《あた》えられた御消息《ごしょうそく》。仏道《ぶつどう》を成就《じょうじゅ》しようとする際には、三障四魔《さんしょうしま》、特に第六《だいろく》天《てん》の魔王《まおう》によって大難《だいなん》が起こることが挙《あ》げられている。「佐前《さぜん》・佐後《さご》」の法門《ほうもん》の峻別《しゅんべつ》が説《と》かれる。

〈注6〉【第六天の魔王《だいろくてんのまおう》】古代《こだい》インドの世界観で欲界《よっかい》の最上《さいじょう》である第六の天に住《じゅう》し、仏道修行《ぶつどうしゅぎょう》を妨《さまた》げる魔王。欲界の衆生《しゅじょう》を支配《しはい》し、自在《じざい》に操《あやつ》るので他化自在天《たけじざいてん》とも呼《よ》ばれる。

〈注7〉【娑婆世界《しゃば》】迷《まよ》いと苦難《くなん》に満《み》ちていて、それを耐《た》え忍《しの》ばなければならない世界。

〈注8〉【十軍《じゅうぐん》】十の魔軍《まぐん》。種々《しゅじゅ》の煩悩《ぼんのう》を魔軍として十種に分類《ぶんるい》したもの。①欲《よく》②憂愁《うしゅう》③飢渇《けかち》④渇《かつ》愛《あい》⑤睡眠《すいめん》⑥怖畏《ふい》⑦疑悔《ぎけ》⑧瞋恚《しんに》⑨利養虚称《りようこしょう》⑩自高蔑人《じこうべつじん》。

〈注9〉【元品の無明《がんぽんのむみょう》】生命の根源的《こんげんてき》な無知《むち》、究極《きゅうきょく》の真実を明《あ》かした妙法を信じられず理解《りかい》できない癡《おろ》かさ。

〈注10〉【佐渡御勘気抄《さどごかんきしょう》】文永《ぶんえい》八年（一二七一年）十月、相模国《さがみのくに》（神奈川県）依智《えち》から、清澄寺《せいちょうじ》に関係する門下《もんか》に送られた御消息《ごしょうそく》。仏《ほとけ》になるためには必ず身命《しんみょう》に及《およ》ぶほどの大難《だいなん》があることが述べられている。

〈注11〉【ローザ・パークス】一九一三年〜二〇〇五年。アメリカ南部アラバマ州《しゅう》生まれ。一九五五年十二月、市営《しえい》バスで白人乗客《じょうきゃく》に席《せき》を譲《ゆず》ることを拒否《きょひ》し、逮捕《たいほ》。キング博士がリーダーとなり「バス・ボイコット運動」が各地《かくち》に広がり、公共交通機関《こうきょうこうつうきかん》での差別《さべつ》が違憲《いけん》であると多くの判決《はんけつ》を勝ち取るきっかけとなった。

健康長《ちょう》寿《じゅ》の信心

「心の財《たから》」の輝《かがや》きは不滅《ふめつ》

創価の父である牧口常三郎《つねさぶろう》先生の口癖《くちぐせ》は、「我々《われわれ》、青年は！」でした。牧口先生が仏法と出あわれたのは五十七歳。創価教育学会を創立《そうりつ》されたのは、五十九歳の時です。

常に先頭《せんとう》に立って弘教《ぐきょう》に歩き、民衆の幸福のために尽《つ》くされ、軍部政府《ぐんぶせいふ》と対峙《たいじ》して七十三歳で殉教《じゅんきょう》なされました。このご生涯《しょうがい》を思えば、私たち門弟《もんてい》も年齢《ねんれい》を重《かさ》ねるごとに「戦う心」を燃《も》やし続けたいと、決意を新《あら》たにします。

恩師《おんし》・戸田城聖《じょうせい》先生は言われました。

「長い人生である。どういう宿命《しゅくめい》が待《ま》ち構《かま》えているか知れない。いつ、どのようになるかもわからない。

一生涯《いっしょうがい》、悠々《ゆうゆう》と人生を生きていける信念《しんねん》と哲学《てつがく》が、絶対に必要である」と。「生老病死《しょうろうびょうし》」は、万人《ばんにん》が向き合う人生の現実です。誰人《たれびと》も免《まぬか》れることはできません。

しかし、信心を貫《つらぬ》いていけば、必ず「常楽我浄《じょうらくがじょう》」の境涯《きょうがい》を築《きず》いていける。広宣流布という大願《だいがん》に立ち、日々、活動に励《はげ》んでいる私たちは、いかなる苦難《くなん》や試練《しれん》に直面《ちょくめん》しても、「宿命《しゅくめい》」を「使命」に変えていけます。

生命尊厳《そんげん》の法理《ほうり》を人類の哲学《てつがく》に

生きることは「戦う」ことであり、「使命を全《まっと》うする」ことです。勇敢《ゆうかん》に進み、堂々《どうどう》と使命を全うしながら人生の根源的苦悩《こんげんてきくのう》を勝ち越えていくのが、日蓮仏法の目的です。

二十一世紀は「生命の世紀」です。

世界のいかなる地にあっても、人々が自身の生命の尊厳性《そんげんせい》を輝《かがや》かせ、自他共《じたとも》に健康長寿《ちょうじゅ》の人生を生き生きと謳歌《おうか》していく中にこそ、真《しん》の「幸福の世紀」、「平和の世紀」、「健康の世紀」が実現していきます。私どもの創価の仏法運動は、そのためにこそあります。

牧口先生の持論《じろん》は、「幸福の第一条件《じょうけん》は健康である。健康のためには、活動を第一とする」でした。学会は「生命の安全地帯《あんぜんちたい》」なのです。同志と共に、広宣流布のために活動することが、どれほど健康長寿《ちょうじゅ》の活力《かつりょく》となり、幸福の源泉《げんせん》になっていることか。

五指針の四番目として、ここでは、新時代の指標《しひょう》として掲《かか》げた「健康長寿《ちょうじゅ》の信心」について、一緒に学んでいきましょう。

御文

可延定業書《かえんじょうごうしょ》、御書九八六ページ一行目～十四行目

命《いのち》と申《もう》す物《もの》は一身《いっしん》第一の珍宝《ちんぽう》なり一日なりとも・これを延《のぶ》るならば千万両《せんまんりょう》の金《こがね》にもすぎたり（中略）一日の命は三千界《さんぜんかい》の財《たから》にもすぎて候《そうろう》なり先《ま》ず御志《おんこころざし》をみみへさせ給《たも》うべし、法華経の第七の巻《まき》に三千大千世界《さんぜんだいせんせかい》の財《たから》を供養《くよう》するよりも手の一指《いっし》を焼《や》きて仏《ほとけ》・法華経に供養《くよう》せよと・とかれて候はこれなり、命は三千にもすぎて候・而《しか》も齢《よわい》もいまだ・たけさせ給《たま》はず、而《しか》して法華経にあわせ給いぬ一日もいき《活》てをはせば功徳《くどく》つもるべし

現代語訳

命《いのち》というものは、わが身にとって第一の珍《めずら》しい宝《たから》である。たとえ一日であっても、寿命《じゅみょう》を延《の》ばすなら、千万両《せんまんりょう》の金《きん》にもまさるのである。（中略）

一日の命《いのち》は、この宇宙《うちゅう》すべての財宝《ざいほう》よりもすぐれている。まず、志《こころざし》を身《み》で示していくべきである。

法華経の第七の巻《まき》に「この宇宙《うちゅう》すべての財《たから》を供養《くよう》するよりも、手の指《ゆび》一つを焼《や》いて仏《ほとけ》・法華経に供養しなさい」と説《と》かれているのは、このことである。

命《いのち》は宇宙《うちゅう》にも超《こ》えて素晴《すば》らしい。しかも尼御前《あまごぜん》は、年齢《ねんれい》もまだ、それほどとっているわけではない。その上、法華経にあわれたのである。一日でも長く生きていらっしゃるなら、それだけ功徳《くどく》が積《つ》もるのである。

病《やまい》と闘《たたか》う富木常忍夫人《ときじょうにんふじん》への激励《げきれい》

日蓮大聖人は、病《やまい》と闘《たたか》い、広布に生き抜く多くの門下《もんか》を、幾度《いくど》となく励《はげ》まされました。その一人が、義母《ぎぼ》の看病《かんびょう》に真心《まごころ》を尽《つ》くし、自《みずか》らも病気と闘《たたか》い続けていた富木常忍《ときじょうにん》の夫人《ふじん》です。大聖人は、繰《く》り返《かえ》し激励《げきれい》されています。

「可延定業書《かえんじょうごうしょ》」〈注1〉には、御自身《ごじしん》が深き祈りで、母上《ははうえ》の寿命《じゅみょう》を四年、延《の》ばされたことを通されながら、次のように仰《おお》せです。

「今、尼御前《あまごぜん》は女性の身《み》として病気になられました。試《こころ》みに法華経の信心を立てて修行《しゅぎょう》してごらんなさい」(御書九八五ジペー、通解)と。そして、善医《ぜんい》である四条金吾《しじょうきんご》の治療《ちりょう》を受けていくように、具体的《ぐたいてき》に促《うなが》されたのです。

その上で、いかなる時代や社会状況《じょうきょう》にあっても、決《けっ》して変わることのない

「生命尊厳《そんげん》」の哲理《てつり》を示されています。

人間にとって生命ほど尊《とうと》いものはありません。その点について「命《いのち》と申《もう》す物《もの》は一身《いっしん》第一の珍宝《ちんぽう》なり」と仰《おお》せです。

また、「一日の命《いのち》は三千界《さんぜんかい》（＝大宇宙《だいうちゅう》）の財《たから》にもすぎて候《そうろう》なり」「命は三千にもすぎて候」とも述べられています。そして、「法華経にあわせ給《たま》いぬ一日もいきて《活》をはせば功徳《くどく》つもるべし」と励《はげ》まされています。

ここで生命の尊《とうと》さについて強調《きょうちょう》されているのは、「一日でも長く、断《だん》じて生き抜いていきなさい」と、尼御前《あまごぜん》に、病《やまい》と闘《たたか》う勇気《ゆうき》を湧《わ》きたたせ、〝生き抜く意志《いし》〟を呼《よ》び起《お》こされるためと拝《はい》されます。

「いかなる病《やまい》さはり《障》をなすべきや」

今まさに治療中《ちりょうちゅう》で、病《やまい》と闘《たたか》っている同志もおられるでしょう。

「真実一切衆生《いっさいしゅじょう》・色心《しきしん》の留難《るなん》を止《とど》むる秘術《ひじゅつ》は唯《ただ》南無妙法蓮華経なり」（御書一

一七〇㌻）であり、「法華経と申《もう》す御経《おんきょう》は身心《しんしん》の諸病《しょびょう》の良薬《ろうやく》なり」（御書一〇一五㌻）と仰《おお》せの通りです。「病魔《びょうま》に勝つ」と一念《いちねん》を定《さだ》めて題目を唱《とな》え、自身の生《せい》命力《めいりょく》を湧《わ》き起こしていくことです。

生老病死《しょうろうびょうし》は人生の実相《じっそう》であるゆえに、避《さ》けることはできません。逃《に》げていては、真《しん》の幸福を勝ち取ることはできない。

大聖人は、「南無妙法蓮華経は師子吼《ししく》の如《ごと》し・いかなる病《やまい》さはり《障》をなすべきや」（御書一一二四㌻）とも仰《おお》せです。

病魔《びょうま》を恐《おそ》れず、侮《あなど》らず、戦い挑《いど》む「強い信心」が、仏界《ぶっかい》を力強《ちからづよ》く涌現《ゆげん》させるのです。病魔《びょうま》の「挑戦《ちょうせん》」に対し、「応戦《おうせん》」していくのが、私たちの信心です。

病気になることが不幸《ふこう》なのではありません。病苦《びょうく》に負《ま》けてしまうことが不幸なのです。

仏《ほとけ》にも、「少病少悩《しょうびょうしょうのう》」といって、病《やまい》や悩《なや》みがあります。しかし、常に生命は健《すこ》やかです。心はいつも強く、皆を包《つつ》み、励《はげ》まし、希望を送っていく境涯《きょうがい》を築《きず》き上《あ》げているからです。

「虎《とら》だって捕《つか》まえられる」

大聖人御自身《ごじしん》、御年《おんとし》六十歳の時のお手紙で、自《みずか》らの健康について綴《つづ》られています。

「日々《ひび》の論義《ろんぎ》・月々《つきづき》の難《なん》・両度《りょうど》の流罪《るざい》に、身《み》も疲《つか》れ、心も痛《いた》んだ故《ゆえ》でしょうか、この七、八年の間《あいだ》、年ごとに衰《おとろ》え、病気がちになってきましたが、大事には至《いた》りませんでした」（御書一一〇五ジペー、通解）と。

間断《かんだん》なき大闘争《だいとうそう》のゆえに、大聖人も晩年《ばんねん》、さまざまな病気を抱《かか》えられていました。しかし、民衆救済《きゅうさい》のために、広宣流布への闘争心《とうそうしん》を、いささかも衰《おとろ》えさせることなく、赤々と燃《も》え輝《かがや》かせていかれたのです。

大聖人はある時、門下《もんか》への丁重《ていちょう》な御返状《ごへんじょう》のなかで、「あなたがお見えになり、ワカメをいただいて、元気になりました」と感謝《かんしゃ》を綴《つづ》られています。そして、あなたの真心《まごころ》のおかげで「虎《とら》だって、捕《つか》まえられますよ」「師子《しし》の背中《せなか》にだって、乗れますよ」等とも、記《しる》されています（御書一五八七ページ、趣意）。年を重《かさ》ね、老《お》いを感じ、病《やまい》を患《わずら》われても、いささかも師子王《ししおう》の「戦う心」は失《うしな》われていないのです。

今、病気を抱《かか》えている友も、御書を拝《はい》し、大聖人の仰《おお》せの通りに、題目の音《おん》声《じょう》で病《やまい》に立ち向かっていくことです。その一念《いちねん》がすでに病魔《びょうま》を打《う》ち破《やぶ》っているのです。

「必ず勝つ」と心に決める

大聖人は、「わざはひ《禍》も転《てん》じて幸《さいわい》となるべし、あひかまへて御信心《ごしんじん》を出《いだ》し此《こ》の御本尊《ごほんぞん》に祈念《きねん》せしめ給《たま》へ、何事《なにごと》か成就《じょうじゅ》せざるべき」（御書一一二四ページ）と仰《おお》せです。たとえ、いかなる境遇《きょうぐう》にあろうとも、御本尊を信じ、唱題し抜いた人は、必ず願《ねが》いを成就《じょうじゅ》していけると教えられています。

恩師《おんし》・戸田先生も、よく言われていました。

「まず〝こうするのだ〟と決める。〝必ず勝つのだ〟と決める。決めるかどうかで、勝敗《しょうはい》は決まる。これが勝負《しょうぶ》の哲学《てつがく》である」と。

病魔《びょうま》にも「断固《だんこ》として打ち勝つ」と決めていくことが肝心《かんじん》なのです。

大聖人は、さらに、「このやまひは仏《ほとけ》の御《おん》はからひか・そのゆへは浄名経《じょうみょうきょう》・涅槃経《ねはんぎょう》には病《やまい》ある人仏《ひと》になるべきよしとかれて候《そうろう》、病によりて道心《どうしん》はをこり候なり」（御書一四八〇ページ）と、病気という試練《しれん》の意味を示されています。

決定《けつじょう》した信仰《しんこう》に立てば、病《やまい》を契機《けいき》として「道心《どうしん》」を起こして仏《ほとけ》になれる。ゆえに病をも「仏の境涯《きょうがい》を開くチャンス」と捉《とら》えて、「必ず信心で乗り越えてみせる」と覚悟《かくご》を決めることです。そのためにも、周囲《しゅうい》の励《はげ》ましが大切です。励ましによって立ち上がることができるからです。

闘病《とうびょう》が長く続く場合や再発《さいはつ》するケースもあります。御聖訓《ごせいくん》には「このなが病《やまい》にしづみ日日夜夜《ひびよよ》に道心《どうしん》ひまなし」（御書一四八〇ページ）とあります。

くのです。

不屈《ふくつ》の道心《どうしん》で、焦《あせ》らず忍耐強《にんたいづよ》く、未来永遠《えいえん》にわたる境涯《きょうがい》革命を成《な》し遂《と》げてい

牧口先生は、弟子《でし》たちを励《はげ》まされました。

「〝この病気を、必ず変毒為薬《へんどくいやく》してみせるぞ、健康という大福運《だいふくうん》、大功徳《だいくどく》を開くのだ〟と確信し、決意して信心を続けていくことが大事だ。そのとき、病気が治《なお》るだけではなく、全快《ぜんかい》したときには、以前《いぜん》よりも健康になるのが、変毒為薬の妙法である」と。

これが仏法の真髄《しんずい》です。ゆえに「心こそ大切」です。どこまでも「戦う心」を、水の流れる如《ごと》く持続《じぞく》していくことが肝要《かんよう》なのです。

御文

崇峻天皇御書《すしゅんてんのうごしょ》、御書一一七三ページ十五行目〜十六行目

蔵《くら》の財《たから》よりも身《み》の財すぐれたり身の財より心の財第一なり、此《こ》の御文《おんふみ》を御覧《ごらん》あらんよりは心の財をつませ給《たも》うべし

現代語訳

蔵《くら》に蓄《たくわ》える財宝《ざいほう》よりも、身《み》の財《たから》がすぐれ、身の財よりも、心に積《つ》んだ財が第一である。この手紙をご覧《らん》になってから以後は、心の財を積んでいくべきである。

人生の根本《こんぽん》目的が示される

次に拝《はい》するのは、四条金吾《しじょうきんご》に送られた「崇峻天皇御書《すしゅんてんのうごしょ》」〈注2〉の一節です。この簡潔《かんけつ》な御聖訓《ごせいくん》は年齢《ねんれい》を重《かさ》ねるとともに一段と重みを増《ま》して拝《はい》されます。人生の最終章《さいしゅうしょう》は、いかなる「財《たから》」を自身が積《つ》んできたか、その総決算《そうけっさん》が問《と》われるからです。

大聖人は、「蔵《くら》の財《たから》」「身《み》の財」「心の財」の三種の財を通して、最高の生き方は「心の財」を積《つ》むことであると教えられます。

この「心の財《たから》」は、決《けっ》して病《やまい》や老《お》い、死によって崩《くず》れるようなものではない。むしろ三世《さんぜ》にわたり、自身を幸福の軌道《きどう》へと導《みちび》き、常楽我浄《じょうらくがじょう》の境涯《きょうがい》を開いていく力《ちから》です。揺《ゆ》るぎなく「心の財」を積《つ》んだ人は、常に悠々《ゆうゆう》と、あらゆる苦《く》難《なん》を乗り越えていけるのです。

両親や家族が、認知症《にんちしょう》や寝《ね》たきりとなる場合もあるかもしれません。しかし、決《けっ》して悲観《ひかん》したり、不安《ふあん》に思ったりする必要はありません。妙法とともに生きてきた人は、すでに三世永遠《さんぜえいえん》の生命の勝利者《しょうりしゃ》です。

広布の活動ができなくなっても、長年《ながねん》の信仰《しんこう》によって培《つちか》われてきた「心の財《たから》」は、決《けっ》して失《うしな》われません。絶対に壊《こわ》れません。

ひとたび「心の財《たから》」を築《きず》いた人生は、それ自体《じたい》、無窮《むきゅう》の価値《かち》を刻《きざ》んでいます。

そして、永遠《えいえん》の「仏界《ぶっかい》の生死《しょうじ》」〈注3〉の軌道《きどう》に入っているがゆえに、妙法に照《て》らされて本有《ほんぬ》の病《やまい》のまま、本有の老《お》いの姿《すがた》のまま〈注4〉で、今も毎日、「心の財《たから》」を積《つ》んでいるのです。一日一日が生命の財宝《ざいほう》を築《きず》き、心の境涯《きょうがい》を広げているのです。そのことを確信しきって、題目を送っていくことです。

「法華経」の如来寿量品《にょらいじゅりょうほん》第十六では、仏《ほとけ》が久遠《くおん》以来、衆生《しゅじょう》のために法を説《と》き、戦い続けてきたことを示し、仏の生命の常住《じょうじゅう》が明《あ》かされています。この法華経に連《つら》なった生命は、三世《さんぜ》の次元《じげん》から見れば、「仏界《ぶっかい》の生死《しょうじ》」を繰《く》り返《かえ》して、必ず無量無辺《むりょうむへん》の福徳《ふくとく》に包《つつ》まれます。なかには、短命《たんめい》の方《かた》もおられる。しかし、広宣流布の深き使命に、同志と共に生きた人々は、最高に価値《かち》ある人生を歩《あゆ》んでいるのです。

「生命の尊厳《そんげん》」を会得《えとく》することが仏法の真髄《しんずい》です。妙法と一体《いったい》である、最《もっと》も尊厳なる生命は、必ず、皆、生々世々《しょうじょうせせ》にわたって常楽我浄《じょうらくがじょう》の軌道《きどう》を進んでいけるのです。

夫《おっと》の感謝《かんしゃ》の思いを代弁《だいべん》

本章の冒頭《ぼうとう》に拝《はい》した「可延定業書《かえんじょうごうしょ》」を頂《いただ》いた富木常忍夫人《ときじょうにんふじん》は、九十歳を超《こ》えた義母《ぎぼ》が亡《な》くなるまで介護《かいご》していたといいます。大聖人は、献身的《けんしんてき》な看病《かんびょう》を続けた夫人に対して、「富木尼御前御返事《あまごぜんごへんじ》」では夫《おっと》の感謝《かんしゃ》の思いを代弁《だいべん》し、いたわられています。

「富木殿《ときどの》が語《かた》られていました。『このたび、母が亡《な》くなった嘆《なげ》きのなかにも、その臨終《りんじゅう》の姿《すがた》が良かったことと、尼御前《あまごぜん》（妻《つま》）が母を手厚《てあつ》く看病《かんびょう》してくれたことのうれしさは、いつの世までも忘《わす》れられない』と、喜《よろこ》ばれていましたよ」

（御書九七五ページ、通解）

大聖人のこまやかな気遣《きづか》いや心配《こころくば》りに、富木常忍夫人《ときじょうにんふじん》は、どれほど喜《よろこ》び、勇気づけられたことでしょうか。

牧口先生も目が不自由《ふじゆう》だった養母《ようぼ》を介護《かいご》されていました。老《お》いたる養母を自《みずか》ら背負《せお》って、風呂場《ふろば》へ連《つ》れて行き、入浴《にゅうよく》の手伝《てつだ》いもされたといいます。

私がかつて語らいを重《かさ》ねた作家《さっか》の有吉佐和子《ありよしさわこ》さんは、小説《しょうせつ》『恍惚《こうこつ》の人』で今日《こんにち》の認知症《にんちしょう》を先駆的《せんくてき》に扱《あつか》い、大ベストセラーとなりました。有吉さんが鋭敏《えいびん》に未来を予見《よけん》していた通り、現代の日本において「介護《かいご》」は、多くの人々が直面《ちょくめん》する最重要《さいじゅうよう》の課題《かだい》となっています。

誰《だれ》もが迎《むか》える「老《お》い」という現実を受け入れ、いかなる人生の総仕上《そうしあ》げを、共に迎《むか》えていくのか――。介護《かいご》は、人生の最終章《さいしゅうしょう》を支《ささ》える「聖業《せいぎょう》」といえるでしょう。それゆえ、介護をする一人一人の「生命観」や「人間観」が大事になるのではないでしょうか。

学会には、長年《ながねん》にわたって介護《かいご》を経験《けいけん》してこられた同志が大勢《おおぜい》います。必ずや大聖人が富木常忍夫人《ときじょうにんふじん》と同じように賞讃《しょうさん》してくださる方々《かたがた》です。こうした慈愛深《じあいぶか》く経験豊《ゆた》かな先輩《せんぱい》たちが、各地にあって、多くの後輩《こうはい》たちと智慧《ちえ》を分《わ》かち合《あ》ってくれています。学会員の地道《じみち》で誠実《せいじつ》な体験が、今後の超高齢《ちょうこうれい》社会への先《せん》駆《く》の模範《もはん》となっているのです。

介護《かいご》の切実《せつじつ》な現場《げんば》では、葛藤《かっとう》や不安《ふあん》に苛《さいな》まれ、苦しみにもがくことも多いに違《ちが》いありません。思うようにいかないことがあっても、自分を責《せ》めたり、無理《むり》をせず、賢《かしこ》く自分らしく工夫《くふう》をお願《ねが》いします。どんな苦労《くろう》も絶対に無駄《むだ》にはなりません。

幾多《いくた》の同志が共通《きょうつう》して語られているのは、「介護《かいご》を通して自身が成長できた」という「感謝《かんしゃ》」の気持ちです。また、介護された方《かた》からの「ありがとう」という言葉に心が軽《かる》くなり、救《すく》われたという声もあります。「お互《たが》いに感謝し合う」という介護の関係は、自他共《じたとも》に智慧《ちえ》と慈悲《じひ》を増《ま》しゆく「皆、仏《ほとけ》なり」との希望のモデルといえるでしょう。

介護《かいご》の期間が長くなり、介護する側《がわ》も高齢化《こうれいか》しているという厳《きび》しい現実もあります。それゆえ、決《けっ》して一人で背負《せお》い込《こ》むことはありません。公的支援《こうてきしえん》や地域のボランティアの協力なども、最大限《さいだいげん》に活用《かつよう》してください。施設《しせつ》を利用するのも智慧《ちえ》です。

介護《かいご》する家族の皆さまは、どうか自身の体を大切にしてください。聡明《そうめい》に、また朗《ほが》らかに、価値創造《かちそうぞう》しながら、上手《じょうず》に進んでいっていただきたいのです。

御文

四《し》条《じょう》金《きん》吾《ご》殿《どの》女房《にょうぼう》御《ご》返事《へんじ》、御書一一三五ページ十四行目~十五行目

三十三のやく《厄》は転《てん》じて三十三のさい《幸》はひとならせ給《たも》うべし、七難即滅《しちなんそくめつ》・七福即生《しちふくそくしょう》とは是《これ》なり、年《とし》は・わかう《若》なり福《ふく》はかさなり候《そうろう》べし

現代語訳

三十三歳の厄《やく》は転《てん》じて、三十三の福《ふく》となるであろう。七難《しちなん》が即《すなわ》ち滅《めっ》し、七福《しちふく》が即ち生《しょう》ずるというのはこれである。年は若返《わかがえ》り、福《ふく》は重《かさ》なるであろう。

いよいよ若々《わかわか》しく、生き生きと

日蓮仏法は常に「今日《きょう》から明日《あす》へ」と快活に前進し続ける宗教です。何歳《なんさい》になっても「自他共《じたとも》の幸福」のために情熱《じょうねつ》を燃《も》え上《あ》がらせ、挑戦《ちょうせん》の気概《きがい》を持つ人は、信心の年輪《ねんりん》を重《かさ》ねるほど、いよいよ若々《わかわか》しくなる。

「四条金吾殿女房御返事《しじょうきんごどのにょうぼうごへんじ》」〈注5〉では、「年《とし》は・わかう《若》なり福《ふく》はかさなり候《そうろう》べし」と述べられ、一年一年、ますます生命力《せいめいりょく》を盛《さか》んにして、人生をはつらつと充実《じゅうじつ》させていくことを教えられています。

何よりも大聖人御自身《ごじしん》が、「大兵《たいへい》を・をこして二十余年《よねん》なり、日蓮一度《いちど》もしりぞく心なし」（御書一二二四㌻）、「一日片時《かたとき》も・こころやすき事《こと》はなし」（御書一五五八㌻）と述べられているように、立宗宣言《りっしゅうせんげん》以来、常に戦いの連続《れんぞく》であられました。

自身の使命を自覚《じかく》し、自《みずか》らの一念《いちねん》を「月月《つきづき》・日日《ひび》に」刷新《さっしん》しながら、新《あら》たな挑戦《ちょうせん》を続けていく。

そこには「向上《こうじょう》」「前進」の息吹《いぶき》があり、生命の躍動《やくどう》があります。その人こそ、人間としての偉大《いだい》な勝利者《しょうりしゃ》です。

戸田先生は語られました。

「人生の本当の偉《えら》さというものは、どこにあるのか。それは一つは、若い時に決めた希望、信念《しんねん》というものを、一生涯貫《いっしょうがいつらぬ》いていく。もう一つは、一生涯、若々《わかわか》しい情熱《じょうねつ》を持《たも》ちきっていけるかどうかである」

「年齢《ねんれい》には三つある。肉体的《にくたいてき》な年齢、精神的《せいしんてき》な年齢、生まれてから数《かぞ》えている年齢である。たとえ肉体は老《お》いても、生命力《せいめいりょく》は強く、若々《わかわか》しくなければ駄目《だめ》だ」

また、恩師《おんし》はこうも教えてくださいました。

「信心は形式ではない。一瞬一瞬《いっしゅん》を大事に生きるということだ」「一瞬の一念《いちねん》に何を思ったか、行動したのか、その積《つ》み重《かさ》ねで、成仏《じょうぶつ》が決まるのだ」と。

皆、「生涯青春《しょうがいせいしゅん》」です。多宝会《たほうかい》・宝寿会《ほうじゅかい》・錦宝会《きんぽうかい》の皆さまが、後輩《こうはい》の創価家族を慈《いつく》しまれながら、「今生人界《こんじょうにんかい》の思出《おもいで》」を輝《かがや》かせることが、永遠不滅《えいえんふめつ》の境涯《きょうがい》を約束し、無数に続く地涌《じゆ》の友が仰《あお》ぎ見る希望となるのです。

「健康の四モットー」を胸《むね》に

ここであらためて「健康の四モットー」を確認《かくにん》しておきたい。

健康長寿《ちょうじゅ》の人生を歩《あゆ》むためのポイントは、

①張《は》りのある勤行
②無理《むり》と無駄《むだ》のない生活
③献身《けんしん》の行動
④教養《きょうよう》のある食生活

の四点です。

根本《こんぽん》は基本《きほん》を守《まも》ることです。暴飲暴食《ぼういんぼうしょく》、睡眠不足《すいみんぶそく》、過労《かろう》などが続けば、どこかに支障《ししょう》をきたし、病《やまい》にかかったり、事故《じこ》を起こしたりしかねません。だからこそ、さまざまに智慧《ちえ》を出して、価値的《かちてき》な生活をすることです。

仏法は道理《どうり》です。信心は即《そく》生活です。

なるべく早く寝《ね》て、質《しつ》の高い睡眠《すいみん》を心がけ、疲《つか》れをためないことです。規則《きそく》正しい生活を送り、さわやかで張《は》りのある勤行を実践《じっせん》する。

その中で生命力《せいめいりょく》を満々《まんまん》とたたえてこそ、職場や地域で貢献《こうけん》していく行動ができます。

偉大《いだい》な歴史家《れきしか》であるトインビー博士〈注6〉のモットーは、ラテン語の「ラボレムス！（＝さあ、仕事を続けよう！）」でした。

その言葉通り、博士は高齢《こうれい》になっても毎朝、気分《きぶん》が進んでも進まなくても、決めた時間に必ず机《つくえ》に向かうことを習慣《しゅうかん》とされていました。

対談集《たいだんしゅう》『健康と人生』を共《とも》に発刊《はっかん》したモントリオール大学のブルジョ博士〈注7〉は、次のように語られていました。

「重要《じゅうよう》なのは、『何年生きたか』ということだけではなく、豊《ゆた》かな希望《きぼう》をもって『どう生きたか』だと思います」と。

仏法者として、自他共《じたとも》の幸福のために生き抜き、他者《たしゃ》に尽《つ》くす人生以上に、素晴《すば》らしいものはありません。その使命に生き抜く時、広々《ひろびろ》と勝利の人生が開かれます。

三世《さんぜ》永遠《えいえん》に常楽我浄《じょうらくがじょう》の大境涯《だいきょうがい》を

信心に「定年《ていねん》」はありません。仏典《ぶってん》では、人間は「百二十歳まで生きられる」とまで説《と》いています。

張《は》り切《き》って学会活動に励《はげ》むことが、最高の健康長寿《ちょうじゅ》の人生を歩《あゆ》むことになる。今日《きょう》も広布のために、今、自分のできる戦いを起こし、前進していくのが、色心共《しきしんとも》に真実の健康長寿《ちょうじゅ》の要諦《ようてい》です。

法華経に「長寿《じょうじゅ》にして衆生《しゅじょう》を度《ど》せん」（法華経五〇五ジペー）とあるように、長生《ながい》きした分だけ、多くの友に勇気と希望を贈《おく》ることができます。

共々《ともども》に三世永遠《さんぜえいえん》の「心の財《たから》」を積《つ》む衆生所遊楽《しゅじょうしょゆうらく》の勝利劇《しょうりげき》を示していけるのです。

さあ、どこまでも私と一緒に、同志と共に、広宣流布の大願《だいがん》に生き抜き、所願満足《しょがんまんぞく》の人生を悔《く》いなく勝ち飾《かざ》っていきましょう！

［注　解］

〈注1〉【可延定業書《かえんじょうごうしょ》】弘安《こうあん》二年（一二七九年）あるいは文永《ぶんえい》十二年（一二七五年）、下総国葛飾《しもうさのくにかつしか》郡若宮《ぐんわかみや》（千葉県市川市若宮）在住《ざいじゅう》の富木常忍《ときじょうにん》の妻《つま》の富木尼御前《あまごぜん》に宛《あ》てた御消息《ごしょうそく》。病気を患《わずら》っていた富木尼に、「定業《じょうごう》」である今世《こんぜ》の寿命《じゅみょう》は、妙法の力《ちから》で延《の》ばすことができるとし、富木尼に早く治療《ちりょう》を行《おこな》い、生き抜くよう激励《げきれい》されている。本抄の中で、「日蓮悲母《はは》をいのりて候《そうら》いしかば現身《げんしん》に病《やまい》をいやす《治》のみならず四箇年《かねん》の寿命をのべたり」（御書九八五ジペー）と大聖人御自身《ごじしん》の体験を紹介《しょうかい》されている。

〈注2〉【崇峻天皇御書《すしゅんてんのうごしょ》】「三種財宝御書《さんしゅざいほうごしょ》」ともいう。建治《けんじ》三年（一二七七年）九月十一日、四条《しじょう》金吾《きんご》に与《あた》えられた御消息《ごしょうそく》。当時、金吾は、同年六月の桑ケ谷問答《くわがやつもんどう》を引《ひ》き金《がね》とする冤罪《えんざい》によって、所領没収《しょりょうぼっしゅう》の危機《きき》にあった。しかし、主君《しゅくん》・江間氏《えまし》の病《やまい》を金吾が治療《ちりょう》し、状況《じょうきょう》に好転《こうてん》の兆《きざ》しがあった。本抄では、「心の財《たから》」「人の振舞《ふるまい》」を説《と》き、金吾へ人間としての勝利の要《よう》諦《てい》を教えられている。

〈注3〉【仏界《ぶっかい》の生死《しょうじ》】自身が宇宙《うちゅう》と生命を貫《つらぬ》く妙法蓮華経の当体《とうたい》であり、自身の生死は妙法蓮華経の生死であると覚知《かくち》し、大宇宙に具《そな》わる大慈悲《だいじひ》と生命力《せいめいりょく》を体現《たいげん》して万人救済《きゅうさい》という仏《ほとけ》の振《ふ》る舞《ま》いを行《おこな》いながら生と死を自在《じざい》に転《てん》じていくこと。

〈注4〉「本有《ほんぬ》」とは、生命本来《ほんらい》の有《あ》りのままのこと。本有の老《ろう》や死は、根源《こんげん》の妙法と一体《いったい》となって、永遠《えいえん》の生命のうえに、生命本来の特質《とくしつ》を発揮《はっき》する。

〈注5〉【四条金吾殿女房御返事《しじょうきんごどのにょうぼうごへんじ》】四条金吾の妻《つま》・日眼女《にちげんにょ》に与《あた》えられた御消息《ごしょうそく》。文永《ぶんえい》十二年（一二七五年）の書と伝えられてきたが、近年の研究で建治《けんじ》二年（一二七六年）の御執筆《ごしっぴつ》と考えられている。日眼女が三十三歳の厄年《やくどし》にあたって御供養《ごくよう》したことに対し、法華経を信ずる福運《ふくうん》を説《と》かれ、日眼女は信仰《しんこう》を貫《つらぬ》く「日本第一の女人《にょにん》」であると激励《げきれい》されている。

〈注6〉【トインビー】アーノルド・ジョーゼフ・トインビー。一八八九年～一九七五年。イギリスの歴史学者《れきしがくしゃ》・文明史家《ぶんめいしか》。ロンドン大学、王立国際《おうりつこくさい》問題研究所の要職《ようしょく》を歴任《れきにん》。代表作『歴史の研究』は各界《かっかい》に大きな影響《えいきょう》を与《あた》えた。著者との対談《たいだん》『二十一世紀への対話』（『池田大作全集 3』）は数多《かずおお》くの言語《げんご》で発刊《はっかん》され、人類に貴重《きちょう》な展望《てんぼう》を与《あた》えるものとして今も大きな反響《はんきょう》を広げている。

〈注7〉【ブルジョ】ギー・ブルジョ。一九三三年～。カナダ・モントリオール生まれ。モントリオール大学生涯《しょうがい》教育学部長、カナダ・ユネスコ協会《きょうかい》会長など歴任《れきにん》。主《おも》な著書《ちょしょ》に『倫理学、法学と健康工学』『生物医学の新技術に直面する倫理と法律』など。著者とシマー博士とのてい談《だん》による『健康と人生　生老病死を語る』（『池田大作全集 107』所収）がある。

絶対勝利の信心

師弟誓願《していせいがん》の不二《ふに》の祈り

「仏法と申《もう》すは勝負《しょうぶ》をさきとし」（御書一一六五ページ）

「仏法と申《もう》すは道理《どうり》なり道理と申すは主《しゅ》に勝つ物《もの》なり」（御書一一六九ページ）

――日本中、否《いな》、世界中の学会員が草創《そうそう》以来、心肝《しんかん》に染《そ》めてきた日蓮仏法の極意《ごくい》です。

「仏法は勝負《しょうぶ》」であるがゆえに、牧口常三郎《つねさぶろう》先生は何よりも「現証《げんしょう》」を最大に大切にされました。

先生は座談会に「実験証明《じっけんしょうめい》」と冠《かん》せられ、この正しい仏法を実践《じっせん》すれば、その証拠《しょうこ》が現実生活の中で「百発百中《ひゃっぱつひゃくちゅう》」現れると断言《だんげん》されたのです。

「人生も勝負《しょうぶ》」であり、「社会も勝負」です。

戸田城聖《じょうせい》先生も弟子《でし》の青年たちに、よく語られていました。
「我々《われわれ》は絶対勝利の信心をしている。その自覚《じかく》から、仕事にせよ、何にせよ、断《だん》じて勝つことが大事なのだ」と。

信仰《しんこう》と人生の究極《きゅうきょく》の目的

「絶対勝利」――これこそ、私たちの信仰《しんこう》と人生の究極《きゅうきょく》の目的です。戸田先生が衰弱《すいじゃく》したお体《からだ》をおして熟考《じゅっこう》され、発表してくださった「永遠《えいえん》の三指針《ししん》」の奥底《おうてい》を貫《つらぬ》く、根本《こんぽん》の精神《せいしん》です。

この三指針《ししん》の発表の直前《ちょくぜん》、私は先生から頂《いただ》いた和歌《わか》を、命《いのち》に刻《きざ》む思いで日記《にっき》に書《か》き留《とど》めました。

「勝ち負《ま》けは　人の生命《いのち》の　常なれど
　最後の勝《かち》をば　仏《ほとけ》にぞ祈《いの》らむ」

恩師《おんし》から託《たく》された、日蓮大聖人の御遺命《ごゆいめい》である世界広宣流布の大闘争《だいとうそう》は、民衆を幸福へと導《みちび》く崇高《すうこう》な戦いです。仏《ほとけ》の軍勢《ぐんぜい》と魔軍《まぐん》との熾烈《しれつ》な攻防《こうぼう》でもあります。だからこそ、断《だん》じて負《ま》けるわけにはいかない。

私は、その決心《けっしん》で戦い、世界に正法流布《しょうほうるふ》の道を、同志と共に開いてきました。

ゆえに私は、恩師《おんし》と不二《ふに》の心で「創価学会永遠《えいえん》の五指針《ししん》」を定《さだ》めた際《さい》に、その結《むす》びを「絶対勝利の信心」としたのです。全学会員の幸福勝利を願《ねが》われた戸田先生のお心を深く拝《はい》してのことです。

御聖訓《ごせいくん》や恩師《おんし》の指導《しどう》を繙《ひもと》きながら、指針《ししん》の最後に掲《かか》げた「絶対勝利の信心」について、共々《ともども》に学んでまいりたいと思います。

御文

法華初心成仏抄《ほっけしょしんじょうぶつしょう》、御書五五〇㌻十七行目〜十八行目

よき師《し》と・よき檀那《だんな》と・よき法と此《こ》の三《みつ》寄《よ》り合《あ》いて祈《いのり》を成就《じょうじゅ》し国土《こくど》の大難《だいなん》をも払《はら》ふべき者《もの》なり

現代語訳

よい師《し》と、よい弟子《でし》と、よい法と、この三つが寄《よ》り合《あ》って祈りを成就《じょうじゅ》し、国土《こくど》の大難《だいなん》をも払《はら》うことができるのである。

一切は「師弟《してい》」の二文字に凝縮《ぎょうしゅく》

日蓮仏法の根幹《こんかん》は、「師弟《してい》」にあります。「絶対勝利の信心」も、その要諦《ようてい》は、詮《せん》ずるところ、「師弟」の二文字に凝縮《ぎょうしゅく》されます。

「師弟相違《していそうい》せばなに事《ごと》も成《なす》べからず」（御書九〇〇ページ）だからです。師弟のギアがかみ合っていなければ、何事《なにごと》も成就《じょうじゅ》せず、広宣流布の伸展《しんてん》もありません。師弟《してい》が不二《ふに》であればこそ、あらゆる困難《こんなん》を乗り越え、一切を絶対に勝利していくことができる。これこそが、学会精神《せいしん》の真髄《しんずい》です。

日蓮大聖人は女性の門下《もんか》に贈《おく》られた「法華初心成仏抄《ほっけしょしんじょうぶつしょう》」〈注1〉で、「よき師《し》と・よき檀那《だんな》と・よき法と此《こ》の三《みつ》寄《よ》り合《あ》いて祈《いのり》を成就《じょうじゅ》し国土《こくど》の大難《だいなん》をも払《はら》ふべき者《もの》なり」と仰《おお》せになられました。

牧口先生も、戸田先生も、それぞれの御書に線《せん》を引いて大切にされた、まさに師弟共戦《していきょうせん》の御金言《ごきんげん》です。

当時は「火打《ひうち》（＝火打《ひう》ち金《がね》）」と「石のかど（＝火打ち石の角《かど》）」を打ち合わせ

て、そこから出た火花を「ほくち（＝火口《ほくち》）」に移《うつ》して火を得ていました。大聖人は、そのことに譬《たと》えられ、「よき師《し》」「よき檀那《だんな》」「よき法」の三つが寄《よ》り合《あ》って初めて祈りも叶《かな》い、国土《こくど》も安穏《あんのん》となることを教えられています。

また本抄では、世間《せけん》の過失《かしつ》がなく、人にへつらうことなく、少欲知足《しょうよくちそく》で、慈悲《じひ》があり、経文《きょうもん》に任《まか》せて法華経を読み持《たも》ち、人にも勧《すす》め持たせる仏法者を、仏《ほとけ》は「よき師《し》」とされると述べられています。そして「よき檀那《だんな》」とは法華経を持つ人、「よき法」とは、最第一《さいだいいち》の法である法華経そのものである、と示されます。

末法万年《まっぽうまんねん》の民衆救済《きゅうさい》のため、如説修行《にょせつしゅぎょう》の実践《じっせん》で自行化他《じぎょうけた》にわたる南無妙法蓮華経を弘《ひろ》められた日蓮大聖人こそ、末法の御本仏《ごほんぶつ》であり、仏法を確立《かくりつ》された「よき師《し》」であられます。そして、大聖人の御遺命《ごゆいめい》のままに、広宣流布のため、不惜身命《ふしゃくしんみょう》で戦い抜かれた先師《せんし》・牧口先生、恩師《おんし》・戸田先生は、私たちにとって、広布と人生の「よき師」であります。

この広宣流布の師匠《ししょう》の一念《いちねん》に心を合わせ、法華経の兵法《へいほう》で戦うならば、御聖《ごせい》訓《くん》に照《て》らして、断《だん》じて勝てるのです。

前進前進、勝利勝利の創価学会

「よき師《し》と・よき檀那《だんな》と・よき法と此《こ》の三《みつ》寄《よ》り合《あ》いて……」の一節は、一九五六年（昭和三十一年）、大阪の戦いに臨《のぞ》むにあたって、関西の同志と拝《はい》した御《ご》聖訓《せいくん》です。誰《だれ》もが〝不可能《ふかのう》だ〟と尻込《しりご》みする困難《こんなん》な戦いに、師弟《してい》を不二《ふに》とする「絶対勝利の信心」で挑《いど》んだのです。

師《し》のためにと誓《ちか》うから、希望と確信が湧《わ》く。

師《し》と心を合わせて祈るから、勇気と智慧《ちえ》の底力《そこぢから》が発揮《はっき》される。

師《し》と共に戦うから、いかなる困難《こんなん》の壁《かべ》をも打《う》ち破《やぶ》ることができる。

若《わか》き日に私は、戸田先生にお仕《つか》えして、この師弟不二《していふに》の相伝《そうでん》を受け切りました。

先生は厳《げん》として叫《さけ》ばれました。

「前進前進、勝利勝利の創価学会であれ！　そのためには、勇気と確信と真《しん》剣勝負《けんしょうぶ》の創価学会たれ！　断《だん》じて皆が勝つのだ。負《ま》けてはならない。これが広宣流布の方程式《ほうていしき》だ。これが自分自身の永遠《えいえん》の勝利の人生、すなわち仏《ほとけ》になりゆくことだ」

弟子《でし》の誓願《せいがん》によって〝まさか〟が実現

広布の闘争《とうそう》は、真剣勝負《しんけんしょうぶ》です。

簡単《かんたん》に勝てる戦いなどありません。

若《わか》き弟子《でし》を信頼《しんらい》して、あえて激戦《げきせん》の一切を任《まか》せてくださった恩師《おんし》に、私は何としても勝利の報告をしたかった。愛《あい》する関西の同志が一人ももれなく功徳《くどく》を受け、絶対的な幸福境涯《きょうがい》をつかんでもらいたかった。民衆を根本《こんぽん》とする新しき人間主義の運動を、大きく社会に広げたかった。

戸田先生は絶対勝利の師匠《ししょう》である。その不二《ふに》の弟子《でし》として、決《けっ》して退《しりぞ》くわけにはいかなかった。ゆえに私は、御書に仰《おお》せのままに、先生のご指導通《しどうどお》りに、青年らしく恐《おそ》れなく関西中を走り回りました。その果《は》てに、「〝まさか〟が実現」と世間《せけん》も驚嘆《きょうたん》する民衆勝利の金字塔《きんじとう》を打ち立てることができたのです。

そして世界広布新時代の今この時、後継《こうけい》の頼《たの》もしき青年部の諸君《しょくん》が、絶対勝利の極意《ごくい》である師弟不二《していふに》の魂《たましい》を、厳然《げんぜん》と受《う》け継《つ》いでくれていることが、私の何よりの誇《ほこ》りであり、希望なのです。

御文

祈祷経送状《きとうきょうおくりじょう》、御書一三五七㌻四行目〜七行目

日蓮も信じ始《はじ》め候《そうら》いし日より毎日此《こ》れ等《ら》の勘文《かんもん》を誦《じゅ》し候て仏《ぶっ》天《てん》に祈誓《きせい》し候《そうろう》によりて、種種《しゅじゅ》の大難《だいなん》に遇《あ》うと雖《いえど》も法華経の功《く》力釈尊《りきしゃくそん》の金言深重《きんげんじんじゅう》なる故《ゆえ》に今まで相違《そうい》無《な》くて候なり、其《そ》れに付《つ》いても法華経の行者《ぎょうじゃ》は信心に退転《たいてん》無《な》く身に許《さ》親《しん》無《な》く・一切《いっさい》法華経に其の身を任《まか》せて金言の如《ごと》く修行《しゅぎょう》せば、慥《たしか》に後生《ごしょう》は申《もう》すに及《およ》ばず今生《こんじょう》も息災延命《そくさいえんめい》にして勝妙《しょうみょう》の大果報《だいかほう》を得《え》・広宣流布大願《だいがん》をも成就《じょうじゅ》す可《べ》きなり

現代語訳

日蓮も信じ始《はじ》めた日から毎日これらの勘文《かんもん》（＝法華経の要文集《ようもんしゅう》）を読誦《どくじゅ》して、仏天《ぶってん》に祈り誓《ちか》いを立ててきたことによって、種々《しゅじゅ》の大難《だいなん》にあったにもかかわらず、法華経の功力《くりき》と釈尊《しゃくそん》の金言《きんげん》が深重《じんじゅう》であるがゆえに、今まで無事《ぶじ》だったのである。

それにつけても、法華経の行者《ぎょうじゃ》は信心において退転《たいてん》なく、身において偽《いつわ》り親《した》しむことなく、一切、法華経に身を任《まか》せて金言《きんげん》の通り修行《しゅぎょう》するなら、確《たし》かに後生《ごしょう》はいうまでもなく、今生《こんじょう》においても息災延命《そくさいえんめい》ですぐれた果報《かほう》を得《え》、広宣流布の大願《だいがん》をも成就《じょうじゅ》することができるにちがいない。

一日一日の積《つ》み重《かさ》ねにこそ

末法《まっぽう》の民衆救済《きゅうさい》のために、大聖人は、ただお一人決然《けつぜん》と立ち上がられました。その御生涯《ごしょうがい》は、妙法を弘通《ぐつう》するがゆえに、経文通《きょうもんどお》りの迫害《はくがい》が相次《あいつ》ぎ、大難《だいなん》との連続闘争《れんぞくとうそう》でありました。

最大の苦境《くきょう》ともいうべき竜《たつ》の口《くち》の法難《ほうなん》と佐渡流罪《さどるざい》の只中《ただなか》で、弟子《でし》の最蓮房《さいれんぼう》に息災延命《そくさいえんめい》の祈りについて教えられた御抄《ごしょう》が「祈禱経送状《きとうきょうおくりじょう》」〈注2〉です。

本抄で大聖人は、種々《しゅじゅ》の大難《だいなん》に遭《あ》ったにもかかわらず、無事《ぶじ》でいられたのは、毎日、法華経を読誦《どくじゅ》して、仏天《ぶってん》に祈り、誓《ちか》いを立ててきたからであると述べられています。

ここでは「毎日」と表現されて、一日一日がそうであったと強調《きょうちょう》されておられます。

「日蓮生《うま》れし時より・いまに一日片時《かたとき》も・こころやすき事《こと》はなし、此《こ》の法華経の題目《だいもく》を弘《ひろ》めんと思うばかりなり」（御書一五五八ジペー）とも仰《おお》せの通り、民衆救済《きゅうさい》の妙法流布《るふ》のため、それこそ一日片時《かたとき》たりとも心休《こころやす》めることなく戦い続けられたのです。

私たちの信心の実践《じっせん》にとっても、たゆみない一日一日の積《つ》み重《かさ》ねこそが重要《じゅうよう》です。「月月《つきづき》・日日《ひび》につより《強》給《たま》へ」（御書一一九〇㌻）です。

①不退《ふたい》と決定《けつじょう》の信心

さらに大聖人は、御自身《ごじしん》の大難《だいなん》との闘争《とうそう》について言及《げんきゅう》された上で、法華経の行者《ぎょうじゃ》の「絶対勝利」の信心と実践《じっせん》について、三点にわたって御指南《ごしなん》されていきます。

第一に「信心に退転無《たいてんな》く」と仰《おお》せです。決定《けつじょう》した信心です。どこまでも妙法根本《こんぽん》に生きるとの大誓願《だいせいがん》です。わが一念《いちねん》に迷《まよ》いやためらいがあったり、臆病《おくびょう》であってはならない、ということです。

「進まざるは退転《たいてん》」です。

戸田先生は、信心の惰性《だせい》を常に戒《いまし》められました。

「いちばんの問題は、良く変わっていくか、悪《わる》く変わっていくかである。このことに気づかないでいる時、人は惰性《だせい》に流されていく」「信仰《しんこう》が惰性におちいった時、それはまさしく退転《たいてん》である。信心は、急速《きゅうそく》に、そして良く変わっていくための実践《じっせん》活動である」等々と語られていました。

日蓮仏法は「現当二世《げんとうにせ》」〈注3〉の信心です。「現在」と「未来」のために、〝今ここで〟一念《いちねん》を定《さだ》めて信心に励《はげ》んでいくのです。

大切なことは、何があっても「負《ま》けないこと」です。「負けないこと」は「不退《ふたい》」です。断固《だんこ》たる「不退」の一念《いちねん》から、「勝利」への反転攻勢《はんてんこうせい》が始まるのです。

②信念《しんねん》と正義《せいぎ》の信心

第二に「身に詐親無《さしんな》く」です。行動や振《ふ》る舞《ま》いにおいて、偽《いつわ》り親《した》しむことなく、常に誠実《せいじつ》に信念《しんねん》の行動を貫《つらぬ》くことです。信じる道をどこまでもまっすぐ進《すす》むのです。

また、悪《あく》を見て黙《だま》っているのは、「詐親《さしん》」になってしまいます。正法《しょうほう》に背《そむ》く悪に対しては毅然《きぜん》と責《せ》めていくことが、「身に詐親無《な》く」の実践《じっせん》となるのです。

③如説《にょせつ》と確信の信心

第三に「一切《いっさい》法華経に其《そ》の身を任《まか》せて金言《きんげん》の如《ごと》く修行《しゅぎょう》せば」とは、仏《ほとけ》の心である法華経を如説修行《にょせつしゅぎょう》することです。私たちの立場でいえば、どこまでも南無妙法蓮華経の御本尊を根本《こんぽん》とし、信行学《しんぎょうがく》を貫《つらぬ》き、御書に仰《おお》せのままに広宣流布の大願《だいがん》に生き抜くことです。

戸田先生はかつて、学会大発展の真《しん》の力《ちから》を明確《めいかく》に教えてくださいました。

「学会には信心がある！　御本尊がある！　すべては、この信心の功徳《くどく》から出たものではないか！」

そして、「広宣流布のために」との祈りと行動に徹《てっ》すれば、自身に本来具《ほんらいそな》わる、仏《ほとけ》の無限《むげん》の智慧《ちえ》と勇気と力《ちから》が湧《わ》いてきます。それゆえに、不可能《ふかのう》を可能へと転《てん》じていくことができるのです。

大聖人直結《ちょっけつ》の実践《じっせん》が原動力《げんどうりょく》に

大阪の戦いに勝った翌年《よくねん》（昭和三十二年）、大阪事件《じけん》が起きました。経文通《きょうもんどお》り、御書の通りの大難《だいなん》でした。「世間《せけん》の失《とが》」など全《まった》くない無実《むじつ》の罪《つみ》で、奇《く》しくも恩《おん》師《し》の出獄《しゅつごく》の日である七月三日に、直弟子《じきでし》の私は入獄《にゅうごく》したのです。

「信心に退転無《たいてんな》く身に許親無《さしんな》く・一切《いっさい》法華経に其《そ》の身を任《まか》せて金言《きんげん》の如《ごと》く修《しゅ》行《ぎょう》せば」――権力《けんりょく》の横暴《おうぼう》を恐《おそ》れず、信念《しんねん》と正義《せいぎ》を貫《つらぬ》き、「忍辱《にんにく》の鎧《よろい》」を着て、ただただ御本尊に身を任せての戦いを誓《ちか》いました。

私が出獄《しゅつごく》した七月十七日、関西の同志は、大阪拘置所《こうちしょ》の対岸《たいがん》にある中之島《なかのしま》の中央公会堂《こうかいどう》に集《つど》ってくれました。豪雨《ごうう》の中で始まった大阪大会で、私は申し上げました。

「最後は、信心しきったものが、御本尊様を受持《じゅじ》しきったものが、また、正しい仏法が、必ず勝つという信念《しんねん》でやろうではありませんか！」

四年半にも及《およ》んだ大阪事件《じけん》の裁判《さいばん》は、一九六二年（昭和三十七年）の一月二十五日、私への無罪判決《むざいはんけつ》がくだされました。正義《せいぎ》は必ず勝つことが証明《しょうめい》されたのは、ご存《ぞん》じの通りです。

その後の常勝《じょうしょう》関西の大発展を思うにつけても、「今生《こんじょう》も息災延命《そくさいえんめい》にして勝妙《しょうみょう》の大果報《だいかほう》を得《え》・広宣流布大願《だいがん》をも成就《じょうじゅ》す可《べ》きなり」の御金言通《ごきんげんどお》りであると、深く拝《はい》されます。

今日《こんにち》のＳＧＩの大発展も、全《まった》く同じ方程式《ほうていしき》であると確信しています。

御文

御義口伝《おんぎくでん》、御書七六二ジペー十二行目

悪《あく》を滅《めっ》するを功《く》と云《い》い善《ぜん》を生《しょう》ずるを徳《とく》と云うなり

現代語訳

功徳《くどく》とは、悪《あく》を滅《めっ》するのを「功《く》」といい、善《ぜん》を生《しょう》ずるのを「徳《とく》」というのである。

永遠《えいえん》に仏《ほとけ》と魔《ま》との闘争《とうそう》

私が若《わか》き日より心に刻《きざ》んできた御聖訓《ごせいくん》です。

自身の生命の濁《にご》りが滅《めっ》し、清浄《しょうじょう》な善《ぜん》の生命が生《しょう》じることが功徳《くどく》であるとの仰《おお》せです。

広宣流布とは永遠《えいえん》に仏《ほとけ》と魔《ま》との闘争《とうそう》です。

戸田先生は、よく語られました。

「信心は、人間の、また人類の行き詰《づ》まりとの戦いだよ。魔《ま》と仏《ほとけ》との闘争《とうそう》が信心だ。それが仏法は勝負《しょうぶ》ということだ」

だからこそ善《ぜん》が、悪《あく》に負《ま》けるようなことがあってはならない。断《だん》じて勝たなくてはならないのです。

仏法は、人間生命の内面《ないめん》で、仏《ほとけ》と魔《ま》が間断《かんだん》なく熾烈《しれつ》に争《あらそ》いを繰《く》り広《ひろ》げていることを教えています。

生命に本性《ほんしょう》として具《そな》わる善性《ぜんせい》、その働《はたら》きを「元品《がんぽん》の法性《ほっしょう》」といいます。

反対に、生命の本性《ほんしょう》として具《そな》わる悪《あく》の性分《しょうぶん》、その本源的《ほんげんてき》な悪の働《はたら》きが「元品《がんぽん》の無明《むみょう》」です。

御書には「元品《がんぽん》の法性《ほっしょう》は梵天《ぼんてん》・帝釈《たいしゃく》等と顕《あら》われ元品の無明《むみょう》は第六天《だいろくてん》の魔王《まおう》と顕われたり」（御書九九七ジペー）と説《と》かれています。

己心《こしん》の仏性《ぶっしょう》を信じて、南無妙法蓮華経の題目を唱《とな》えていく時、わが生命の「元品《がんぽん》の法性《ほっしょう》」が触発《しょくはつ》され、諸天《しょてん》の働《はたら》きが厳然《げんぜん》と現れてきます。

一方で、末法《まっぽう》という正邪《せいじゃ》が顚倒《てんどう》した時代は、「元品《がんぽん》の無明《むみょう》」が現実社会に蔓《まん》延《えん》する悪縁《あくえん》に触《ふ》れて、増長《ぞうちょう》していく。ゆえに法華経の行者《ぎょうじゃ》に対《たい》する魔《ま》の勢力《せいりょく》の反発《はんぱつ》も強《つよ》まるのです。

だからこそ、現実の「外《そと》なる悪《あく》」と戦い、勝たねばなりません。「外なる悪」との戦いは、「内《うち》なる悪」に打ち勝ち、「内なる善《ぜん》」を開き顕《あらわ》す戦いと一体《いったい》だからです。

仏《ほとけ》とは、魔《ま》と戦う勝利者の異名《いみょう》

悪《あく》と戦うことで、わが生命が鍛《きた》えられます。清《きよ》められます。「悪を滅《めっ》するを功《く》と云《い》い善《ぜん》を生《しょう》ずるを徳《とく》と云うなり」です。悪と戦う中にこそ、功徳《くどく》も成仏《じょうぶつ》もあるのです。

釈尊《しゃくそん》も、魔《ま》と戦い、勝って成仏《じょうぶつ》しました。「降魔成道《ごうまじょうどう》」です。

仏典《ぶってん》には、仏《ほとけ》の別名《べつめい》として、「健勝破陣《けんしょうはじん》」――魔軍《まぐん》の陣《じん》を破《やぶ》る勇者《ゆうしゃ》、また「十力降魔軍《じゅうりきごうまぐん》」――十の力《ちから》で魔軍を全滅《ぜんめつ》させる強者《きょうしゃ》などがあります。

すなわち「仏《ほとけ》」とは勝利者の異名《いみょう》であり、魔《ま》と戦い勝ってこそ「仏」であるということです。

大聖人は、魔軍《まぐん》との戦いについて次のように述べられています。

「第六天《だいろくてん》の魔王《まおう》は、十種の魔の軍勢《ぐんぜい》（十軍《じゅうぐん》）を用《もち》いて戦《いくさ》を起こし、法華経の行《ぎょう》者《じゃ》を相手《あいて》に、生死《しょうじ》の苦しみの海の中で、凡夫《ぼんぷ》と聖人《しょうにん》が共に住んでいるこの娑婆《しゃば》世界を『とられまい』『奪《うば》おう』と争《あらそ》っている。日蓮は、その第六天の魔王と戦う身に当《あ》たって、大きな戦を起こして、二十数年になる。その間、日蓮は一度も退《しりぞ》く心はない」（御書一二二四ページ《ジ》、通解）

魔軍《まぐん》との戦いとは、この「己心《こしん》の魔」との真剣勝負《しんけんしょうぶ》である。生命に巣《す》くう「元品《がんぽん》の無明《むみょう》」の克服《こくふく》にほかなりません。

大聖人が「元品《がんぽん》の無明《むみょう》を対治《たいじ》する利剣《りけん》は信の一字なり」（御書七五一ジペー）と仰《おお》せの通り、魔軍《まぐん》を打《う》ち破《やぶ》る武器《ぶき》とはただ一つ、「信心の利剣」なのです。

広宣流布のリーダーは、尊《とうと》き学会員を守《まも》り抜《ぬ》くためにも、魔《ま》を魔と見破《みやぶ》り、魔に打ち勝つ、信心強き勇者《ゆうしゃ》であらねばならない。

師弟不二《していふに》と異体同心《いたいどうしん》が勝利への要諦《ようてい》

「悪《あく》は多けれども一善《いちぜん》にかつ事《こと》なし」（御書一四六三ジペー）です。その勝利の要諦《ようてい》を教えられている御文《ごもん》が、「日蓮が一類《いちるい》は異体同心《いたいどうしん》なれば人人《ひとびと》すくなく候《そうら》へども大事を成《じょう》じて・一定法華経《いちじょう》ひろまりなんと覚《おぼ》へ候《そうろう》」（同）です。

正義《せいぎ》の陣営《じんえい》が異体同心《いたいどうしん》の団結《だんけつ》で臨《のぞ》めば、最後には絶対に勝てるのです。

広宣流布の師匠《ししょう》と心を合わせて、法華経の兵法《へいほう》で戦えば必ず勝てる！

勇気ある信心を貫《つらぬ》けば、必ず正義《せいぎ》を宣揚《せんよう》できる！

異体《いたい》を同心《どうしん》とする善《ぜん》の団結《だんけつ》を築《きず》けば、いかなる悪《あく》をも打《う》ち破《やぶ》れる！

これが「絶対勝利の信心」の極意《ごくい》です。

そして、仏法の人間主義の「善《ぜん》の連帯《れんたい》」は、今や世界百九十二カ国・地域へと広がりました。大聖人がどれほどお喜《よろこ》びくださっているでしょうか。牧口先生、戸田先生がどれほど喝采《かっさい》を贈《おく》っておられるでしょうか。

創価の人間主義が輝《かがや》く新時代へ

創価学会は勝ちました！

SGIは勝ちました！

〝最後は、信心しきったものが必ず勝つ〟――正義《せいぎ》と真実は満天下《まんてんか》に示され、地域で、社会で、そして世界で、創価の人間主義が希求《ききゅう》される新時代を迎《むか》えました。

これからも、私は、尊《とうと》き全世界の創価家族の「福徳無量《ふくとくむりょう》」と「無事安穏《ぶじあんのん》」を、そして「絶対勝利」を、真剣《しんけん》に祈念《きねん》してまいります。

創価学会・SGIの永遠《えいえん》の五指針《ししん》は、私たちの信心を深めゆく不変《ふへん》の原理《げんり》です。一生成仏《いっしょうじょうぶつ》の源泉《げんせん》であり、広宣流布の指標《しひょう》です。

全世界の皆さんが、和楽《わらく》の道、幸福の道、栄光の道、健康の道、長寿《ちょうじゅ》の道、勝利の道を力強《ちからづよ》く歩《あゆ》んでいくことが、創価の三代の師弟《してい》の根本《こんぽん》の誓願《せいがん》です。

創価学会は、永遠《えいえん》に師弟不二《していふに》で絶対勝利の信心を貫《つらぬ》き、凱歌《がいか》の歴史《れきし》を刻《きざ》んでいくのです。

［注　解］

〈注1〉【法華初心成仏抄《ほっけしょしんじょうぶつしょう》】本抄の詳細《しょうさい》な背景《はいけい》等は不明《ふめい》だが、内容から、かつて念仏《ねんぶつ》を唱《とな》えていた女性門下《もんか》に、法華経信仰《しんこう》の基本《きほん》を教えられている御書であると拝《はい》される。

〈注2〉【祈禱経送状《きとうきょうおくりじょう》】最蓮房《さいれんぼう》に与《あた》えられた御消息《ごしょうそく》。文永《ぶんえい》十年（一二七三年）の御述作《ごじゅっさく》とされる。最蓮房は、元《もと》天台宗の僧で大聖人の佐渡流罪中《さどるざいちゅう》に帰依《きえ》した。この最蓮房が息災延命《そくさいえんめい》の祈念《きねん》について質問《しつもん》したことに対して、法華経の要文《ようもん》を送られ、法華経の行者の不退《ふたい》の実践《じっせん》があるところに、真《しん》の息災延命があることを示されている。

〈注3〉【現当二世《げんとうにせ》】「現」は現在世《げんざいせ》、「当」は当来世《とうらいせ》（未来世）のこと。過去世《かこせ》に対する語。

池田大作（いけだ・だいさく）

1928年（昭和3年）、東京生まれ。創価学会名誉会長。創価学会インタナショナル（SGI）会長。創価大学、アメリカ創価大学、創価学園、民主音楽協会、東京富士美術館、東洋哲学研究所、戸田記念国際平和研究所などを創立。世界各国の識者と対話を重ね、平和、文化、教育運動を推進。国連平和賞のほか、モスクワ大学、グラスゴー大学、デンバー大学、北京大学など、世界の大学・学術機関の名誉博士、名誉教授、さらに桂冠詩人・世界民衆詩人の称号、世界桂冠詩人賞、世界平和詩人賞など多数受賞。

著書は『人間革命』（全12巻）、『新・人間革命』（全30巻）など小説のほか、対談集も『二十一世紀への対話』（A・トインビー）、『二十世紀の精神の教訓』（M・ゴルバチョフ）、『平和の哲学　寛容の智慧』（A・ワヒド）、『地球対談　輝く女性の世紀へ』（H・ヘンダーソン）など多数。

創価学会永遠の五指針

二〇一七年一月二十六日　発　行
二〇二一年一月　十五　日　第八刷

著　者　池田大作
発行者　松岡　資
発行所　聖教新聞社
〒一六〇―八〇七〇　東京都新宿区信濃町七
電話　〇三―三三五三―六一一一（代表）

印刷所　株式会社　精興社
製本所　牧製本印刷株式会社

定価は表紙に表示してあります

ISBN978-4-412-01621-7